JN411880

이비인후과 醫師가 詩로 들려주는 醫學콩트

메타버스(가상+현실)

天命을 기다리며(待)

상상을 뛰어넘는 황홀한
假像世界로 가보자

의학박사 조 홍 주

에코미디어

조홍주 의학꽁트

天命을 기다리며(待)

인쇄_ 2025년 7월 5일
발행_ 2025년 7월 10일

지은이_ 조 홍 주
펴낸이_ 정 찬 애
발행처_ 도서출판 에코미디어
주소_ 광주시 동구 양림로119번길 21 - 1(학동)
전화_ (062)224 - 5319
팩스_ (062)225 - 5319
E - mail | jcapoet@hanmail.net

ISBN 978 - 89 - 97482 - 78 - 8 03880

값 30,000원

· 지은이와의 협의로 인지를 붙이지 않습니다.
· 잘못된 책은 바꾸어 드립니다.

공급처 ■ 한국출판협동조합
경기도 파주시 적성면 가월리 1859-9 한국출판협동조합 적성물류센터
주문전화 (02)716-5616, 070-7119-1740

메타버스(가상+현실)

天命을 기다리며(待)

상상을 뛰어넘는 황홀한
假像世界로 가보자

■들어가는 말

天命을 기다리며

이 뭐꼬?
이 세상, 왜 태어났을까?
연꽃(蓮)은 더러운 물에서도
고결하게 꽃을 피우는데,
사람(人)은 옳게(可) 사는 것이
무엇인지 모르니 어찌할꼬(何)?

좋은 일 할 때마다 한 송이씩 핀다는
장미꽃, 백만 송이를 피우기 위해서 일까?

해답은 스스로 알아야 한다
공짜는 없다(天地不仁), 모든 것은 대가를 치르며
自利利他(불교), 남을 위해 나를 비우는 삶
己所不欲勿施於人(논어), 내가 싫은 것 남에게 시키지 말라
내가 바라는 대로 남을 위한 길을 걷어야 한다(마태복음)
平安, 彼安此安(피안차안)
그 길 위에 서서, 마음은 깨끗하고
고진감래(苦盡甘來), 권선징악(勸善懲惡) 이라는
으뜸 가르침(宗敎)을 배우면 알 수 있다

인생 끝자락에, 성령의 열매 아홉 가지
사랑. 희락. 화평. 오래 참음. 자비. 양선(良善. 선행).
충성. 온유. 절제
그 길 위에서 속도를 지키면서(절제)
삶의 열매 9가지를 꽃 피운다

진인사대천명(盡人事待天命), 하늘의 뜻을 따르며
대접(待接)하고, 감사하는 마음으로
天命을 기다리며(待), 절제하는 삶을 즐겨라(carpe diem)
그럼, 나도 대접받고, 모두(偕) 행복해진다
언제까지 기다리나요?
아기는 평균 2천 번 이상 넘어지면서
걸음마를 터득한다
인디언 祈雨祭(기우제)처럼, 비(雨) 올 때까지
도끼를 갈아 바늘을 만들 때까지(磨斧作針. 마부작침)
기다려야 한다

좋은 실을 분별하는 것을 익히기(練) 위해서
나무(木)속을 살펴서 좋고 나쁨을 가리는 눈(目)이 필요하고,
날개를 하얗게 될 정도로 휘젓는 것을 익혀야
새가 하늘을 날듯이
기다리는 練習(익힐 련/익힐 습)이 필요하다
삶은 누구나 어렵다

지상의 天땅에선
天心인 밥을 먹고

백년해로(偕老)하면서
從心과 섬김. 봉사의 자세로
머슴처럼 , 남을 위한 삶을 살며,

하늘에 가면 천국에 이르는 길
그 곳에서 진정한 평화와 사랑을 만날 것이다

사람(人)이 옳게(可) 사는 길, 하늘과 땅을 아우르는 그 길
봉사와 섬김이 꽃 피우는 천국
그 곳에서 우리 모두 하나로 빛날 것이다

2025년 6월
조홍주

차 례

天命을 기다리며(待)

기도

기도(祈禱)란?
제단을 차려놓고
그 옆에 도끼(斤)를 나두고 神(示)에게 빈다
사냥할 때 짐승을 많이 잡게 해 달라고

기도(祈禱)란?
제단(示)을 차려 놓고
오래 살게 해달라고(壽) 神(示)에게 빈다

종교가 없는 사람들은
남해안에서 잡은 물고기를
서울까지 싱싱하게 옮기는 비밀을 알면 도움이 된다
수조 속에 갇힌 고기들은 어둠 속에서 죽게 되므로
천적인 상어새끼를 한 마리 넣어두면
싱싱하게 멀리 옮길 수 있다
혼자 사는 사람이 종교가 없으면 빨리 죽는 이유이다
여성들은 남편이 오래 살기를 바란다면 달달 볶아야 한다
바가지를 긁자
으 하하하!

천국에서 부부싸움

어느 부부가 같은 날 천국에 올라갔다
베드로가 반갑게 맞이하면서
멋있는 방을 제공하자
방값은?
무료입니다
다음 날, 골프는?
무료입니다
뷔페는?
무료입니다
당뇨. 고혈압 때문에 저지방. 저칼로리. 저염식을?
천국에서는 어떤 음식을 먹어도 좋습니다
기도. 전도는?
안 해도 좋습니다

갑자기 영감이 버럭 소리를 지르고 성질을 낸다
깜짝 놀란 부인과 베드로가 왜 그러냐고 묻자
이렇게 좋은 곳에 더 빨리 왔어야 하는데
음식 조절, 약복용, 기도, 전도하느라고
더 빨리 이곳에 못 온 것이 억울해서
으 하하하!

재앙(災殃) 안심보험

출애굽 때 어린양의 피, 문설주에 발리니
죽음의 그림자 지나가고
이스라엘 백성들은 살아남았네
그 밤, 유월절(踰越節)은 하나님의 손길로
재앙을 막는 안심보험이 되었네

예수님, 그 어린양 되시어
십자가에 못 박힌 그 아침
오전 아홉시부터 오후 세시까지
피 흘리며 구원의 문을 여셨네
사망에서 벗어나, 우리는 살리라
제2의 재앙 안심보험, 그 은혜 속에

이제는 성찬의 떡과 포도주로
간편하게 은혜를 누리니(간편 재앙 안심 보험)
복잡한 절차 대신, 믿음의 상징만 남아
우리 마음에 평안이 깃들리라

의식주 세계에서 진선미의 세계로 우리를 인도하사
마음마저 자유로워지면
그곳이 바로 천국이 아니겠는가?
하나님의 구원, 그 고마운 은혜

잊지 않고 기념하리라
유월절(통과. pass over 踰越節)의 의미를 되새기며

*유월절 踰(=逾)越節 - 재앙으로부터 pass over
넘을 유, 건널 월. 재앙이 넘어간다
*兪(통할 유)=亼(合) + 月(舟) + 巛(川)
나무를 합하여 만든 배가 물을 건너다 '점점 통하다'
踰(=逾 넘을 유)- 발(足)로도 통(兪)할수 있으니 '넘다'
瘉(병나을 유) 점점(兪) 병(疒)이 나아가니 '병낫다'
- 쾌유(快癒)하세요
愈(더욱 유) 마음(心)이 점점(兪) 좋아지니 '낫다. 더욱'
輸(보낼 수) 차(車)를 통해(兪) 보내니 '보내다' 수입(輸入)
*越(넘을 월)=走+戉(도끼 월)
-무성한 곳을 도끼(戉)로 쳐내며 달려가서(走) '넘다'
-월등(越等) 탁월(卓越). 優越(우월)

*走=土(大의 변형)+止 -양팔을 휘두르며 달리는 사람
기도할 때도 도끼(刀), 하나님도 도끼(戉) 좋아하시네
마부작침

*유월절 -구약 - 이스라엘 백성의 물리적 해방을 기념
어린양을 통해 애굽의 종살이에서 해방
-신약- 인류의 영적 구원을 상징(영적해방을 기념)
어린양(예수)의 떡과 포도주로 죄에서 해방
사람이 지팡이 짚고, 고기 먹고 도랑(巜.괴. 巛.川)을 over pass

*合(모일 합. 합할 합)=亼(삼합 집. 뚜껑)+口(그릇)
=人+一+口, 사람들이 하나로 입을 모으니 '합하다. 모으다'

*貧者因書富 책을 가까이 하면 빈자는 부자가 되고
富者因書貴 부자는 귀인이 된다
*의식주(貧者因書富) 세계
진선미(富者因書貴) 세계

*미국인이 가장 존경하는 대통령 2인, 책을 좋아한 대통령
링컨 - 학력: 초등 1년
조지 워싱턴 - 링컨 보다 더 짧다

*재앙(災殃)-하늘이 병하고, 땅이 바뀔 정도로 온갖 불행한 일
災(재앙 재)=川+火, 홍수와 화재
殃(재앙 앙)=歹(뼈 앙상할 알)+央(가운데 앙)
- 죄수들이 도망가지 못하도록 '가운데' 목에
씌우던 나무칼(가추 枷杻)
- 심하면 죽어 뼈(歹)만 남는 모습

뉴욕, 그곳 삶에도 over pass가 있었네

옛날 옛적
에덴동산(广)의 십자가(十) 아래
어진 두 사람(人人)(木木. 麻), 아담과 하와
금단의 열매, 붉은 마(麻), 그만 손에 들어
한 입 베어 물고, 병(疒)들어 마비(痲痺)되어
쫓겨났다네

마음을 모아 평정에 들고자
삼매경(三昧境. 쌈마디)에 잠겨
무아지경(無我之境), 법열(法悅), 은총(恩寵), 神내림
정신일도하사불성(精神一到何事不成)에 빠지려고
達磨大師(Dharma)는 꺼끌꺼끌한 麻(마)를 마시지 않고
잠을 쫓기 위해 자신의 눈꺼풀을
돌로 문질러 잘라버리고(磨=麻+石)
눈을 무섭게 부라리고
우리 안에서 일어나는 일이 흩어져 있는 것을
한데 모으기가 '생각하기' 란 것을 깨닫고
6개의 욕심(六神. 六根)을
한약이나 과일 짜듯이
나뭇가지 2개를 십자(十)로 엮어
서로 돌려가며 고이 짜내니
고농축 汁(진액 즙) 한 방울(單=6개 口+十. 홑 단)

깊게 스미어 禪宗(선종)이 피어나네

무아지경을 꿈꾸는 영혼들
노력 없이 쾌락을 향해
영혼이 육체를 떠나서
밖에 선다는 엑스터시(ecstasy),
황홀한 에너지를 찾으며
망아(忘我)처럼 자유롭게
마약의 달콤함에 빠져드는
그 찰나(刹那)의 쾌락을 갈망하네

삼베(麻) 대신 200m 이상의 높은
뉴욕의 300여개 우뚝 선 摩天樓(마천루. 麻+手)
하늘을 손(手)으로 문지르며,
神을 갈구하는 뉴욕의 거리
먹어서는 안 되는 겁을 먹고
삼배(大麻)처럼 뻣뻣해지는 병(痲)에 걸렸다네

성경의 말씀처럼
매일, 365일 두려워하지 말라
겁먹지 말라(Do not fear)는 위로 속에
평안케 해달라고 손 모으고
문지르고 갈구해야 할 진리
에덴의 동산처럼 헛되이 먹어버린 우리의 마음

하늘의 나라는 사과처럼
입으로 먹는 것이 아닌

마음의 깊이에서 평안을
평강과 평화를 맛보아야 하네
사람은 떡으로만 사는 것이 아니라
여호와의 말씀으로 살아야 한다는 진리(신명기8:3)
우리의 영혼을 nourisher 삼아
진정한 삶의 길을 찾아가야 하리라

四柱(사주)보다는 觀相,
관상보다는 心相,
심상보다는 忍, 인보다는 從,
종 보다는 carpe diem(오늘을 즐겨라)을
더 중요시한 동서양의 지혜,
성령의 마지막 열매 '절제' 의 은혜를 잊지 않으리

뉴욕 맨해튼 남쪽의 두 다리
브루클린 다리와 맨해튼 다리
위에서 걸을 수 있는 브루클린 다리,
DUMBO(Down Under the Manhattan Bridge Overpass)라고
고가도로 아래에서 인증사진 찍는 것으로 유명한 맨해튼 다리
'유아 웰컴' 이라고 항상 용서해주시는 하나님
뉴욕을 무조건 사랑하사 DUMBO에
재앙 안심 보험 over pass(유월절)를 주셨네
할렐루야

그러나 마약의 그림자
어둠 속에 여전히 존재하니
환난은 인내(절제)를, 인내는 연단을, 연단은 소망을 이어지리라

돼지(豕)의 연(緣)에서 실(糸)을 찾지 말고(因緣)

주님(主)의 실(糸)에서 소망(素望. 素=主+糸)을 찾아야 한다

하늘은 스스로 돕는 자를 도우니

天地不仁, 공짜는 없다네

진정한 삶은 인내의 길

神의 뜻 안에서 피어나는

소망의 꽃을 바라보며

하늘의 은혜를 노래하리

*麻=엄(广)+삼껍질 패(朩), 그늘에 삶아놓은 마를 널어놓은 모습
塞翁之馬 -세상일은 복이 될지 화가 될지 모른다
甘呑苦吐(감탄고토, 당면 삼키고 쓰면 뱉는다)
苦盡甘來, No pain, no gain 고통 없이 얻는 게 없다

*재배삼의 암그루 꽃이삭(꽃봉오리)과 잎에서 얻는 것은 간자(ganja), 야생 삼에서 얻은 것은 마리화나(marijuana) 또는 브항(bhang)
*마리화나 뜻: 취하게 만드는 것(포르투갈어 mariguango)
*어쌔신(assassin)=암살자 - 대마초 피우는 놈
*대마초 cannabis 카나비스.
*의료용 대마초(hemp) - 麻(산에 나는 장어)
천식, 녹내장. 종양(크기가 줄어듬), 항암치료 후 구토와 욕지기.
통증. 진통 완화제(관절염. 류마티즘. 헤르페스). 항생
폐암과 객담 제거(기도 확장). 수면. 긴장 완화. 폐기종
각기병. 변비. 말라리아
*十八界=六根+六境+六識
根(기능), 境(대상), 識(분별하여 아는 것)
六根(육근)- 眼耳鼻舌身意. 六境(육경)- 色聲香味觸法

*찰나(刹那)=절 찰+어찌 나(那, 어째쓰까)
刹(절 찰), 殺(죽일 살)
- 옛날 죄인들을 죽일 때는 나무(木) 위에 앉혀

몽둥이(殳) 또는 도끼(刂)로 죽이거나(벨 예 乂), 화형을 시켰다
-삶과 죽음의 경계는 한순간 짧은 시간이다
- 사찰(寺刹)

*삽시간에, 별안간에, 순식간에
*삽시간(霎時間)
霎(가랑비 삽)
가랑비에 옷 젖듯이, 자꾸 첩 질하면 집안 꼴 망한다
*순식간(瞬息間) -눈 깜빡일 순간,
目+爪(손톱 조)+冖(덮을 멱)+舛(어그러질 천)
손으로 잠깐 눈을 덮었다 뗀 사이에 도망쳐버렸다
舜(순임금 순). 이순신(李舜臣)

*瞥眼間(별안간)
瞥(슬쩍 볼 별), 부서진 곳을 몰래보니 '슬쩍'
*敝(부서질 폐), 헝겊을 2개로 나누고 때리니 '해지다'
弊(폐단 폐), 두 손(廾) 들어 부서지게 하니 '폐단. 해지다'
- 民弊. 積弊清算(적폐청산)

하나님의 선물, 지팡이

하나님 선물, 손에 든 지팡이(一)
유월절(踰越節) 밤에 함께 주신 그 뜻

지팡이(一)로 땅을 치면서(攵) 서서히
세상에 얽힌 욕망의 무게를
한 걸음 한 걸음 땅에 내려두라

하늘을 향해 가는 길 위에서
그리움은 가족 품에 남기고

웃음은 친구 마음에 새기며
세상에는 사랑을 심어가라

오직 하늘나라 향한 길이니
유유자적(悠悠自適) 걸으며 나아가라
마지막까지, 하나님께로

*유유자적이란
-스스로 행동을 결정할 수 있는 한가로운 상태
-어떤 구속도 없이 자기마음 내키는 대로 삶을 살아가는 자세
-속세를 벗어나 자연을 즐기고 한가롭게 사는 것
-근심 걱정 없이 편안히 지내는 것

-유유자적의 이치를 터득한 사람 - 從心
-유유자적을 병적으로 터득한 사람 - 치매
悠悠; 한가롭게 자유스러운 상태
悠 한가로울 유, 멀 유,
適 맞을 적. 좇을 적. 집중할 적. 즐길 적
알맞은 적(나무뿌리처럼 잘 뻗어가니 알맞다. 마땅하다)
敵(원수 적) -뿌리를 친다. 敵軍
自適; 자기 마음대로 행동하는 것. 마음대로 나아가고 물러난다

쾌적(快適)한 환경에 적응(適應)해야 한다
應(응할 응)=广+人+佳+心 - 집에서 사람이 키운 새는
주인의 마음을 아니 '응하다'
啇(뿌리 적. 밑동 적)=立+古 :꼭지. 근본. 밑. 하나
오래(古)된 나무가 서(立)있으려고 뿌리를 '알맞게, 마땅히' 내린다
잘 뻗어나가야 한다
본래 있는 곳에서(뿌리) 다른 곳으로 떠난다(辶)
攸(바 유. 대롱거릴 유)=人+丨+攵
사람이 지팡이를 땅에 치며 한가롭게 멀리 가는 곳(所)
*兪-고기 두 근을 먹은 사람은 지팡이를 치며 쉽게 통과하네
悠(멀 유) - 생각(心)이 느긋하게 멀리 있다
悠悠 - 아득하게 멀리 간다 you you
- 고기 구하려고 멀리멀리 간다
修(닦을 수. 연구하다) -멀리(攸) 흐르는 내(川. 彡)에서
먹을 고기가 없으니 몸만 닦는다
條(곁가지 조) -나무에서 멀리(攸) 자라는 가지
條件 -어떤 일이 이루어지기 위해 갖추어져야할 곁가지(요소)
*유월절의 逾에 人 + 지팡이(一)
悠悠自適(유유자적)의 悠에도 人과 지팡이(丨)

누룽지

식후엔 누룽지 한 입
불에 탄 고소함이 입 안 가득
바삭한 소리가 전해주는
작은 축제, 그 속에 담긴 비밀

보리차 속 나노의 탄소 입자
숯처럼 깨끗한 손길 되어
실핏줄 안쪽을 스며드네
기름때, 그 속에 숨은
다이옥신과 벤조피렌
노폐물의 잔해도
비누처럼 말끔히 씻기우네

백내장의 흐린 창도
맑아져
숯과 잿물의 힘으로
세상의 빛을 다시 보게 되리

누룽지 한 조각 속에 담긴
깨끗함의 연금술
몸속 깊이 스며드는
순수한 치유의 손길

*보리차에 들어있는 나노크기의 탄소입자(숯. 잿물)가
실핏줄 안쪽 벽에 있는 기름때와
기름때 속의 발암물질 다이옥신과 벤조피렌,
노폐물이 쌓이는 백내장도 비누처럼 말끔히 씻어낸다
*탄소(숯가루. 잿물)가 풍부한 보리차는
최고의 해독제 이며, 숙면과 마음의 평안을 주고
몸속의 중금속을 중화시키고,
오래된 기름때와 발암물질(다이옥신)을 씻어준다

*담배 필터 안에는 정화목적으로 숯가루가 들어 있다
산에서 배탈이 나면 담뱃재 섞은 물을 마시면 좋다

*고기(산성식품)는 보리차(약 알카리성)가 중화한다
재(炭). 숯. 다이아몬드는 탄소 덩어리이다
탄소는 가장 단단하고(金剛石),
어떤 세균 박테리아에도 분해되지 않으므로 절대로 변하지 않는다
탄소는 몸에서 독을 내보내 정화하고 면역을 키운다
식물도 탄소동화작용(햇빛+물+이산화탄소)으로
영양물질(밥)을 만들어 성장한다(생명력)

*식물들은 나무가 탈 때 나오는 연기(이산화탄소)를 맡으면
더 잘 자란다
그래서, 늙은 나무들이 어린나무들을 위해 스스로
몸을 비벼서 산불을 일으킨다 ?
옛날에는 연기 때문에 마을 주변의 나무들이 건강했으나
지금은 매연 때문에 더 독이 되어 나무들이 말라 죽는다

*산:알카리= 49;51 生長
산;알카리= 50;50 성장이 멋는다
산:알카리= 51;49 주름살이 생기고, 늙어간다
산;알칼리= 52 이상 머리카락이 희어지고, 이빨이 빠진다

*누룽지 어원- 밥을 지을 때 솥 밑바닥에 눌어붙은 탄 밥.
음식이 타서 바닥에 눌어붙다, '눋다'
고소한 맛과 바삭한 식감

탄저병(炭疽病), 숯처럼 검은 부스럼

숯처럼 검은 부스럼,
탄저병(숯 탄 炭 ,등창. 종기 저. 부스럼 저 疽)
농민의 마음도 함께 타들어 가고
고추. 단감 마저도 불꽃 속에 죽어간다
하루하루를 태운다

그 불꽃의 끝을 알 수 없는 시간 속에서
독일 醫師 코흐(Koch 1843~1910)는
불타는 마음으로 진리를 쫓았고
그 불꽃 속에서
식물에 오는 탄저병은 곰팡이가 원인이고,
동물에 오는 탄저병은
탄저균(bacillus 작대기+ anthracis 숯. 석탄)이란
세균을 발견하고
노벨상은 그의 손에 들어간다

*코흐 -결핵균(1882), 콜레라균(1885), 탄저균(1877) 발견
-노벨상(1905)
*且(또 차) -고기(月)를 수북이 쌓아(且)
'또. 일단. 가령. 급한 대로' 잠시 제단에 올려놓는다
祖(할아비 조) -제물을 수북이 쌓아 제사상에 차리고 모시는 조상

막대균

하나님은 불고기를 좋아하신다

아담과 하와의 아들 중
동생 아벨은 순결한 어린양을 잡아서
고기를 차례대로(番) 돌려가며 불(火)에 구어(燔)
제사를 드린다
연기 속에서 하나님 기뻐하시니
사랑하는 향기가 그를 감싸리라
불고기의 불길 하늘에 닿아
불고기의 사랑이 불꽃으로 타오르네
불고기의 향기, 멈추지 않고
하늘로 향하며, 평화를 노래하리라
아벨의 제사는 하나님 마음속에 영원히 기억되리라

한편,
하나님께서 불고기를 좋아하신다는 것을 몰랐던
兄 가인은 땅의 열매, 곡식으로 제사를 드리니
하나님 눈길은 아벨에게 머물고,
아벨 제사만 받아들이자
분노의 불길 가인의 마음에
동생을 죽이고 만다
동생의 피가 흘러 대지에 스며들고
하나님 기뻐하심을 몰랐던 마음이
어둠 속에서 길을 잃고 헤메이네

그 후, 아브라함은 어린양을 불에 태워
그 향기로 하나님을 기쁘시게 해드리는
제사(燔祭 burnt offering)를 통해서
100세 때 얻은 귀한 이삭을
하나님께서 구해 주셨다

출애굽 때는 어린양을 번제(燔祭)로 장자들을 사망으로부터
무사하게 통과(유월절 pass over)시켜 주셨고,
유월절 때 예수님을 번제 삼아 인간을 사망으로부터
무사하게 통과(pass over 유월절)시켜주셨다

하나님은 불고기를 좋아하신 것 같다
예수님도 부활하신 후 처음 잡수신 음식이
구운 물고기 한 토막이었다

인간들은 불의 빛을 처음 본 날
어둠 속에서 길을 찾았다
불(火)은 단순한 빛이 아니었다
고기를 구워 먹기 시작하면서
뇌에 에너지를 더 효율적으로 공급하고
그 순간 뇌는 깨어났다
지혜의 불꽃이 점점 커져갔다

작고 연약했던 손은
지식을 움켜쥐기 시작하고
길을 만드는 도끼로 바뀌었다

시간이 흐를수록 우리의 눈은 멀리
미래를 바라보며
어제보다 넓은 세상을 꿈꾸었다
불꽃 속에서 태어난 지혜
그 불은 끊임 없이 타올라
뇌(腦)는 점점 커져
우리를 더욱 인간답게 만들었다
하나님이 두려워하실 정도로

고기 위에 불꽃이 춤추고
검은 연기, 향기로운 탄내
벤젠고리 1개, 피렌 고리 4개
합 5개 고리로 합쳐진 모양, 벤조피렌(benzo-pyrene)의 속삭임

쓰레기 소각장, 불타는 하늘 아래
벤젠고리 사이에 2개(di)의 산소(O)원자가
결합된 모양의 다이옥신(dioxin)이 비웃듯 떠오르네

고기 태울 때 생긴다는 발암물질을
하나님은 무시한 것입니까?
암? 하루에 2톤은 먹어야 한데..
고기는 먹고, 인생은 타고
불가능의 경계에서 웃음 터지네, 으 하하하!

*아담과 하와 자녀들 -카인. 아벨. 셋
-셋 : 형이 동생을 죽인 사건 이후에
아벨 대신 태어남

*가수, 에녹 – 살인자 카인의 아들이 아니라(동명이인),
노아 방주의 노아 할아버지 이름이 에녹
- 카인의 아들 때문에 에녹, 애간장 녹이네!

＊프로메테우스는 제우스 神이 감추어 둔 불을 흠쳐 인간에가 가져다 준 대가로 바위에 묶여 매일 독수리가 간을 쪼아 먹는 형벌을 받았다
뉴욕 록펠러센터 아이스링크에 황금으로 만들어진 프로메테우스 조각상이 있다

＊비브리오 균
- 편모(꼬리) 달린 구부러진 강남 콩 모양
- 너무 잘 진동(vibration 움직인다고)한다고 비브리오(vibrio)
- 만성 간질환, 면역기능이 떨어진 사람이 오염된 굴. 어패류를 익히지 않고 날것으로 먹었을 때 하지에 수포. 괴사. 발열 패혈증으로 사망(원인균: 비브리오 불니피쿠스).

＊예수님이 물고기를 구워 먹는 걸 보면, 비브리오 패혈증을 아셨나 봐!
＊새우 양식업 하는 경우, 비브리오균 때문에 매우 힘들다

천불

천불(千佛)이여, 뉴욕에서는 꿈같은 금액이지만,
서울 광화문에서는 바람에 날리는 먼지처럼 가벼운 천불
왜냐고?
2025년 1월의 광화문에 가면 천불(天火)이 훨훨 날아 다닌다
천불(天火)나네
천불이 일어, 하늘을 가르고
마음 속 불꽃이 번져만 가네
답답한 현실에 불이 번져
혼탁한 세상 속, 火病이 타네
물은 100도시에 끓고,
뜨거운 음식이나 음료는 50도시(50. 知天命)가 안전하지만
마음은 1000도시(天火)에 끓는 모양이네

미래를 위해, 분노를 품고
이순신 장군처럼 나아 가리라
12척의 배로, 천불(天火)을 넘어
명량의 바다에서 불꽃을 키우리

정치는 끝없이 천불(天火)을 일으키고
鬱火病(울화병)으로 타오르게 하지만
그 불이, 결국은
새로운 길을 찾게 하는 불꽃이리라

불꽃 속에 숨은 에너지
차가운 머리, 뜨거운 가슴
우리는 그 안에서 희망을 찾는다
천불(天火)이 되어, 새로운 세상을 꿈꾸네

호랑이와 피자

부드럽고 풍미가 좋은 피자는
24시간 발효와 충분한 숙성을 거친 반죽을 사용해
피자 가장자리까지 기공이 살아 있어야 하고
밀가루 1kg 당 수분함유량이 72%에 이르러야 한다
(일반 피자 60%)

사람이 태어나면 수분이 80%
1년이 지나면 65%
평균 남성은 60%, 평균 여성은 55%
노인은 45%
호랑이도 늙은이는 맛없고 딱딱하다고
잡아먹지 않는다네
호랑이도 육즙이 풍부한 미듐을 좋아한가 봐
으 하하하!

잠을 자는 동안에도 호흡하고 땀을 흐르기 때문에
잃었던 수분을 보충해야 하므로
아침에 일어나서 공복에 처음 마시는 물 한잔은
보약과 같다

지율신경계를 자극해 심장에 무리를 주는 찬물보다
미지근한 물이 더 좋다
물에 레몬을 넣거나 허브티로 마시면 면역력 강화에도 좋다네

교회에서 목사님이 질문을 합니다

교회에서 목사님이 물으신다
"미워하는 사람, 한 분도 없는 분, 손을 드세요."
고개 돌리니, 나이 지긋한 그 분
조용히 손을 들어 보이시네

사람들은 어리둥절
그의 미소가 궁금하네
"어떻게 그런 일 있을 수 있나요?"
그분의 대답, 조용한 파문
"미운 놈들, 다 죽었어."
으 하하하!

아브라함 후손들

아브라함의 씨앗은 넓은 땅에 뿌려졌네
하늘의 별처럼, 모래알처럼 많아지리라 했건만
이스라엘과 이슬람, 같은 뿌리에서 갈라져
형제의 칼이 서로 겨누었네

서유럽에서는 가톨릭과 신교가 피의 비를 맞고
삼십년의 긴 밤을 넘어섰고,
중동의 이슬람에서는 수가 많고 혈통을 무시한 수니파(80%)와
혈통만이 후계자가 될 수 있다는
20%의 시아파(페르시아. 이란) 형제의 싸움이 멈추지 않았네

큰 민족의 창대한 이름을 얻고 복이 될 것이라고(창12:1~3)
축복받은 아브라함 할아버지의 사랑에 잔을 들지 못하고
형제의 손을 잡지 못한 자손들
하늘의 별 아래
콩가루 집안의 슬픈 조상이 그려지네

하나님도 힘 드시겠네요

하나님도 힘 드시겠네요
백성들이 서로 갈라지니까
그래도 하나님은 백가지 성씨를 가진 백성들을(百姓)
끝없이 넓고 깊은 사랑으로
여전히 손을 내밀며 항상 용서해주시니
정말 감사합니다

처음에는, 가톨릭의 보편적 교회에서
시작된 한 길이었지만
정통교회라는 뜻의 동방 정교회와 갈라지고,
16세기부터는 개신교마저도 나뉘어져
마틴 루터(독일), 장 칼뱅(스위스), 성공회(영국) 등
수많은 분파를 이룬다

성경에 없는 제도를 만들었다고
오직 성경만을 좇아야 한다고,
사제 중심으로 운영했더니
평신도 참여를 강조하는 파도 생겼고,
구원을 받으려면 선행하라고 강조했더니
면죄부가 아니고 만인이 제사장이며
오직 믿음으로만 구원 받을 수 있다고
성경을 따라 외치면서

각자의 목소리로 다른 길을 걸었네

넌 장자 중심으로 교회를 운영하는 長老교회와
정치와 종교를 분리하고, 모든 교인이 참여하는
민주적 방식의 회중(會衆)정치를 하는 침례교(浸禮教)는
더 엄격하고 청빈한 삶을 살기 위해 미국으로 간
淸教徒에서 분파되었고,
영국에서 만든 국교회(國教會. 성공회)에서
감리 감독으로 중앙집권적 교회를 운영하는
감리교(監理教)가 나왔으며,
미국의 오순절교회에서 한국의 순복음교회가 나왔고,
한국에서 또한
대의제와 감독제를 겸한 聖潔教(성결교) 등
하나님을 찾는 길을 그리며 간다

하지만 하나님의 사랑은
여전히 변함없고
백성들이 나뭇가지처럼 나누어도
하나님의 품 안에서
하나 되어 가리라

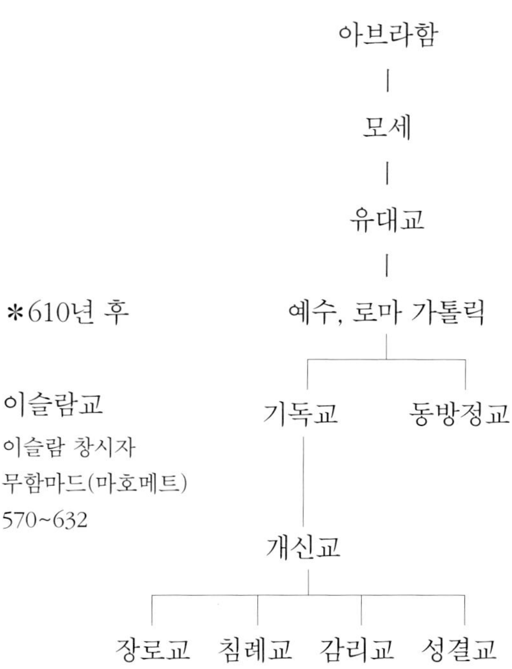

*기독교 3대 교파
1)가톨릭교회. 2)동방정교회. 3)개신교

*會衆 - 많이 모여 있는 사람들. 신도들
*懷中(회중) 시계 －품 속. 몸시계
懷(품을 회) -품다. 임신하다(懷妊). 생각하다
*사람은 원래 세포분열로 탄생되고, 살아간다
분열이 정상적이다.

*懷(품을 회)
褱-衣 字 안에 눈(目)과 눈물(二 二)
-자신의 눈물을 남에게 보이지 않으려고
눈물을 가슴에 묻고 있다(품고 있다)

* 예수 탄생이후 610년, 무함마드가

-가브리엘 천사가 소개한 하느님 알라의 계시를 받고 이슬람교 창시
이슬람 뜻: 절대 순종한다
이슬람 신도=무슬림=절대 순종한 자

-무함마드는 아브라함. 모세. 예수를 선지자로 인정하는
공통된 뿌리를 갖고 있지만,
기독교와 달리 자신이 마지막 선지자라고 공표

양귀비 쥬스

양귀비처럼 아름답게 핀 꽃이라고 이름 붙은
덜 익은 양귀비 열매에 상처를 내면
흘러나오는 하얀 눈물(유액)을 채취해 말린 것이
설사와 기침(코데인)에 최고의 藥인
아편(阿片, 영어 opium 音借, 그리스어 opion, 즙. 쥬스)
이라 불리우네

양귀비 꽃 2000개에서 아편 10kg
이걸 정제하면 꿈의 神(모르페우스)이라는 뜻의 모르핀
이걸 초산을 섞어 끓이면(아세틸화)
藥 중의 영웅이라는 헤로인(디아세틸 모르핀) 1kg이 나와
아픔을 잠재우고, 밤을 낮으로 바꾸는 기적의 힘을 품네

2개의(디. Di) 아세틸기 덕분에 기름에 잘 녹는다
기름성분이 많은 인체 세포막을 잘 통과해
체내 흡수율이 높다
세포막을 통과한 후 대사분해를 통해
아세틸기는 분해되고 다시 모르핀으로 바뀌어
BBB(뇌-혈관장벽)와 태반을 통과하여, 속속들이 스며드네

인간의 몸을 가로 지르는 그 긴 여정
아름다운 꽃의 눈물에서 태어난 작은 꿈들

고통의 뿌리를 이리저리 파고들며
아름답고도 아픈 진실을 전하지만
그들은 우리에게 무엇을 남겨두었을까?

양귀비의 하얀 눈물은 인간의 영혼을 망치지만,
십자가에서 흘린 예수의 눈물 즙(汁 즙 즙)은
인류의 병든 몸을 어루만져주고
영육 간에 고통과 슬픔을 치유해 주신다는
이야기를 남겨주셨네

*인체에서 나오는 모르핀(뇌가 만든 천연진통제)
- endolphine(endogenous morphine의 준말) 웃음 호르몬, 쾌락호르몬
느리고 우아한 스페인 춤곡, 헨델의 사라방드가 땅긴다
*BBB - blood-brain barrier

*아편전쟁은 鴉片戰爭(o), 阿片전쟁(x)
*阿片 -진통제. 지사제 등 몸에 좋은 한약제로 사용할 때
*鴉片 -마약으로 사용할 때 - 갈 까마귀(검은 까마귀) 아(鴉)

*Opium 鴉片(야피엔), 阿片(아피엔)

추억(追憶)

죽을 때 돈(億)을 가지고 갈 수 없다
공수래공수거니까
대신, 행복한 追憶의 돈(億)은 가지고 갈 수 있다

하루하루 쌓아 올린 웃음과 눈물
소중한 이들과 나눈 따뜻한 시간들
그 모두가 내 인생의 진정한 재산이 되어
영혼 속에서 반짝이며 나를 비추리라
돈은 흩어지나 기억은 머물러
우리의 마지막 숨결에 위로를 주고
억만큼의 추억을 짊어진 채
우리는 다시 바람처럼 떠나가리라
공수래공수거, 허나 남은 것은
사랑과 행복 그리고 추억의 금화들이라

*憶(기억할 억).
追(=辶+丨+弓. 활을 들고 쫓는다. 쫓을 추. 따를 추)
意 마음이 말하는 소리. 마음에서 들리는 소리. 마음의 소리
億 내 의지대로, 마음대로 할 수 있는 도깨비방망이. 여의주

지팡이로 땅을 치는 이유

지팡이 끝으로 땅을 치면
깊은 흙(土) 속에 숨은(삼합 집 亼) 별들이 깨어나네
어둠 속에 갇힌 반짝임(丶丶)
그 속삭임을 찾아내려
매일 땅을 두드린다

묵직한 지팡이 소리
땅이 숨겨둔 비밀을 흔들고
그 속에 잠든 빛을 일깨우면
황금빛(金=亼+土+丶丶) 꿈이 세상 위로 흘러 오르리라

黃金(Au), 오스트리아(Aus-tria), 오로라(Au-rora)

금, 그 이름은 태양의 첫 숨결
황금빛 새벽이 어둠을 깨고 솟는 빛
라틴의 언어로 아우룸(aurum. Au), 빛나는 시작이라네

어둠을 갈라 나오는 눈부신 선명함
오스트리아의 어둠속에 담긴 태양
새벽의 여신, 오로라의 춤추는 빛

친구처럼 사랑받는 금, 원자번호 79
하나로 껴안는 아우름의 꿈
마지막 황천길도 황금빛 품처럼

어둠속에 고운 손 내미는 따뜻한 빛
빛으로 감싸는, 금의 노래

名醫들은 침묵을 金이라 하던데 ...
시꺼멓게 타들어가는 환자들의 마음을 잔뜩 머물고
절대로, 입을 열고 자세하게 설명을 안 해주는 醫師들,
팔팔 끓는 물로 고문을 해도
시커먼 구린내 풍기는 흙을 잔뜩 머물고
절대로 입을 열지 않는 썩은 조개들, 아닌가요?

*aus는 새벽에 빛나다
밤의 어두움을 깨고 나오는 태양 빛처럼
눈부시게 반짝인다는 뜻이다
빛나다는 뜻의 Gold는 영어. 독일어이다

*Austria, 해가 먼저 뜨는 나라
*Aurora(오로라), 새벽의 여신과 극광(極光)
*金. 오스트리아. 오로라는 어원이 같다
*금은 변질하지 않는다
-다른 금속과 반응을 하지 않는다.
-어떤 음식과도 반응하지 않는다(쇠독-) – 크라운. 금니 하는 이유
-금가루 먹는 것- 반응을 하지 않으므로 먹을 필요가 없다
- 불로장생을 꿈꾸는 것은 헛된 일

*우리말 아우름 뜻- 모든 것을 하나로 껴안다
*化學 - 변화(革)를 배우는 학문

金과 같은(同) 값진 구리(銅=金+同.Cu)

초등학교 때 다리가 부러져
구리 가루를 먹은 적이 있었지
이상한 처방이라며 지금은 웃지만
그때는 믿었어, 뼈가 강해질 거라고

구리는 키프로스(cyprus) 섬에서 처음 발견되어
키프로스의 금속이라는 뜻의 키프륨(cyprium)을
줄여서 cuprum(Cu.영어 copper)이라 했다
銀처럼 살균작용(박테리아 세포벽 파괴)이 있으며
인체에 독성은 거의 없으며
생체 내에서 전자전달. 산소운반에 관여한다네
구리가 다른 것과 섞으면 청동(구리+주석),
황동(구리+아연), 백동(구리+니켈)이 된다
윌슨病에 걸리면 체내에 구리가 과다하게 축적되고,
아연(Zn)을 과다하게 보충하면 구리(Cu)결핍을 유발한다네

동메달, 기억하자
金 다음이지만, 그건 이유가 있어
발견된 순서도, 금속의 자리도
金 다음에 발견되었기 때문에
비싼 金과 같다(同, 한 가지 동)는
銅의 멋진 변신

혈액에서 철 대신 구리가 산소를 운반하는
새우, 게. 오징어. 전복 등은 혈액이 푸른색을 띠는데
자유의 여신상도 새우. 게. 오징어를
좋아해서 아름다운 푸른색을 띠는가?

*편의점 CU, 구리(Cu) 동생인가요?
CU, 편의점, CUS for U(You) 편리함을 ~
convenience (명사) 편리. 편리성
-con(함께) + ven(오다) + ence(명사)
convenient(형용사) 편리한
-con(함께) + ven(오다) +ent(형용사)
convenience store(편의점)

自由 民主를 사랑하는 자유의 여신상

갈색의 銅이 녹 쓸며 푸르게 변하듯
세월은 무겁게 쌓여, 녹(綠 rust)의 물결이 일렁인다
뉴욕의 하늘 아래
1886년 5월1일
노동절(May Day)이 만들어 진 그해,
그녀(자유의 여신상)는 다가왔다

"나에게 다오
지치고 가난한 자들,
자유롭게 숨쉬기를 갈망하는 무리들을,
부둣가에 몰려든 가엾은 난민들을,
거처도 없이 폭풍에 시달린 이들을
나에게 보내다오"
그녀는 두 팔을 펼쳐
황금빛 문 너머로 자신의 존재 이유를
그들에게 알린다

유럽의 왕, 교회, 귀족들에게 통치 당했던
지치고 가난하고 자유에 목마른 이들이(民)
참 주인(主)이 되는 것을 돕고 싶다고(自由 民主)
자유의 여신상은 횃불을 올리고 있다

가난하지 않는 유럽출신들만 이민으로 받아들이겠다는
트럼프 대통령은 잘못이라고
자유의 여신상은 횃불을 올리고 있다

*自由 民主- 자유를 만끽하는 국민(民)이 주인(主)이다
*공기 중의 산소와 철이 결합하면(酸化. 산화철)
銅이 산화되어(녹 綠쓸어) 푸른색(靑綠色)을 띠운다
*자유여신상=여신상(46m) + 받침대 (47.5m. 6층)
받침대 안에 있는 박물관에 들어가면
여류시인 '에마 래저러스(1849~87)' 의 '자유의 빛을 받으라'
(The New Colossus 새로운 巨像)는 詩가 사망 후,
16년이 지나 1903년 동판으로 새겨져 있다

-옛날 콜로서스는 정복의 상징이었지만,
미국의 새로운 콜로서스는 미국 이민자의 희망을 상징
*자유의 여신상 - 미국독립전쟁((1876) 100주년 기념(1886년)으로
프랑스가 선물

하얀 피, 白血病

하얀 집, 하얀 산, 하얀 피
모든 것이 고요히 흘러가며
세상은 여전히 붉고도 하얗다
그 속에서 우리는 숨 쉰다

카사블랑카(casa 집+blancus 하얀)라는
세상의 비밀이 숨겨진 하얀 집,

萬年雪의 집이라 불리며
세월의 흐름을 견디고
눈 덮인 그 봉우리, 白頭山

히말라야(Himalaya), 그 거대한 산맥
끝없이 쌓인 눈의 바다
만년설이 어루만지는 곳에서
하얀 집(hima 눈+alaya 집)을 짓고 고요히 숨 쉰다

비티리고(vitiligo 白斑症), 송아지의 하얀 살코기
그 순백의 고기 속에 담긴
깨끗함, 순수함, 자연이 선물한 빛의 언어라 하지만
사람에게 나타나면 백반증이라는 고통을 준다

붉은 피(血)가 하얀 피로 변하면
눈으로는 붉게 보이지만,
현미경 속에서는
정상적인 백혈구 수(7천개)보다
악성 白血球(white blood cell) 숫자가 월등히 높아(10~30만개)
하얀 피로 보이는
白血病(leukemia=leuk 희다 + em 피)으로 나타난다

백혈병 세포는 무한 증식하여
정상적인 백혈구, 적혈구, 혈소판의 생성을 방해하며
하얗게 빛나는 그들만의 춤추는 밤을 만든다

*뼈의 역할
1)몸의 체형 유지
2)운동을 할 수 있다
3)칼슘 조절에 관여
4)뼈의 내부(골수)에서 혈액세포(백혈구. 적혈구. 혈소판)를 만든다

*백혈병- 혈액세포에서 발생한 암
대부분, 백혈구가 과도하게 증식한다
*정상적인 백혈구 수가 감소하면
-면역저하. 세균감염. 패혈증
*적혈구 수가 감소하면 - 빈혈
혈소판이 감소하면 - 출혈
*백혈병 세포가 과다 증식되면
-고열. 피로감. 뼈의 통증. 설사. 의식저하. 호흡곤란. 출혈

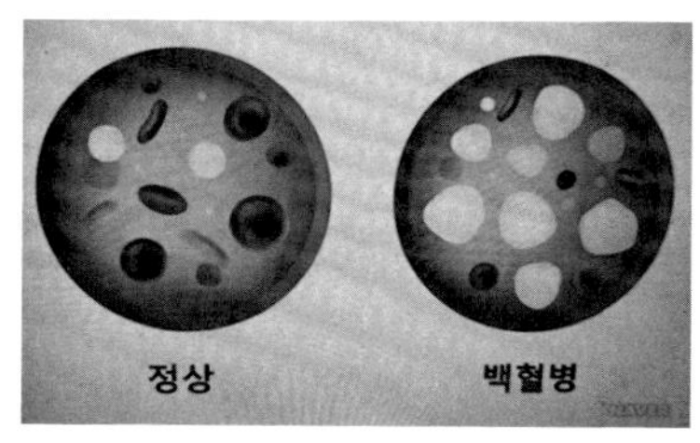

하얀색 축농증

얼굴에 숨겨진 8개의 빈 공간
반장인 鼻腔(비강) 옆에 있다고 副반장, 부비동이라 불리며
감기 후유증으로 찾아온 이 질환
여러 가지 色으로 변신하는 신비로운 존재

방사선(X-레이. CT)으로 들여다보면
하얀색으로 나타나는 그 모습
축농증의 蓄으로 보면 검은 색(玄)
축농증의 膿으로 보명 노란색으로 변하는 마법
이 작은 공간 속에 숨어 있는 이야기

하얀색은 고요한 침묵
검은 색은 깊은 어둠
노란색은 그리움의 빛
부비동의 모든 색이 모여
속삭임처럼 조용히 하나의 시를 이룬다
저 멀리서 러시아 민요 白鶴의 멜로디가 흐른다

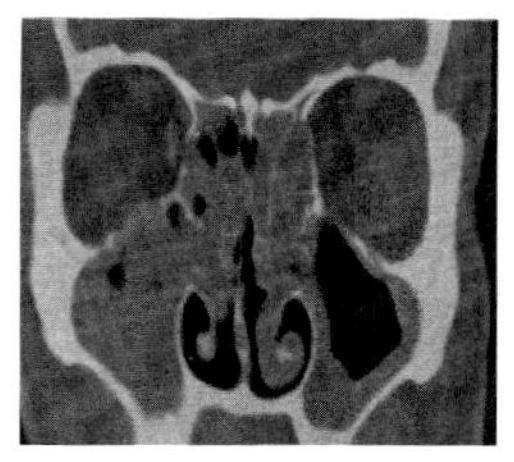

*뇌 CT –'물(축농증)'이나 '출혈(뇌출혈)'이 있으면 '하얗게' 보인다

빼는 방사선이 잘 투과하지 못하므로 희게 보인다

피는 철분 때문에 하얗게 보인다

*農(농사 농) -별(辰)이 떠 있을 때부터 골짜기(曲)에 가서 '농사짓기'

濃(짙을 농) -물이 풍부하게 농사를 지으니 농작물 색이 '짙다'

-濃度(농도)

*膿(고름 농)-고된 농사로 몸(月)에 노란색 '고름'이 생긴다

*畜(가축 축) -가축들의 똥으로 검게 된 밭

밧줄(玄)로 야생동물을 도망 못 가게 묶어 밭에서 키운다

*蓄(쌓을 축) -가축(畜)들에게 먹일 풀(++)을 '쌓다. 모으다'

-蓄財(축재). 蓄膿症(축농증=부비동염 副鼻洞炎)

*副(버금 부)

-하나(一)의 입(口)이 밭(田)처럼 크니 '가득차다'

-가득 차 있는 것을 칼(刂)로 쪼개 나누어 '다음. 버금'

입속의 하얀병, 아구창(鵝口瘡)

입속에 곰팡이가 하얗게 낀다
곰팡이를 영어로 fungi(펀가이. 단수 fungus)
한문으로 진균(眞菌), 진짜 균이라 한다
세균은 핵을 둘러쌓는 핵이 없는 원핵생물이다
그래서 유전물질이 세포질에 퍼져 있다
진균은 핵이 핵막으로 쌓여있는 '진짜 균'이다

진짜 균 때문에 입 속에 하얗게 꽃이 핀 병(病)을
거위 입천장처럼 하얗다고 아구창(鵝口),
하얀색 집락이 목걸이 같다고(라틴어 monile)
모닐리아증(moniliasis),
목과 가슴에 하얀색 반점이 있는 개똥지빠귀(thrush) 새
닮았다고 thrush,
순수, 진실, 자유를 상징하는 색이 솔직한(candid) 흰색이라고
또는 로마 시대 집정관을 선출할 때,
후보자(candidate)가 흰색인 토가(toga)라는 옷을 입었다고
칸디다증(candidiasis)이라 한다

*Fungi(Fungus)
-곰팡이, 균류라는 뜻이다
-곰팡이, 버섯, 효모같이 꽃이 피지 않고, 죽은 것이나
썩은 것에 기생하는 식물

-mushroom(버섯) -우산 모양의 뚜껑이 있는 fungi

*아구창(鵝口瘡)의 鵝(거위 아)
=我(나 아)+鳥 나도 새이지만, 자유롭게 날지 못하는 새
-아, 아 우는 새라고 거위
-기러기나 거위의 입천장이 하얗게 보인다고 아구창

*개똥지빠귀 새

지루성 피부염, 비듬(dandruff)

비듬의 눈꽃이 어깨 위를 덮던 날들
말라세지아(Malassezia)란 이름도 무서웠다
곰팡이처럼 마음 구석구석에 피어난
그 불청객의 속삭임
“너, 나 없인 못 살아.”

하지만 이제 나는 말하리
“니 쫄았니?”
경구제로 빠르게 잡고 싶던 유혹도
거북이처럼 이긴다 믿고
간(肝)독성이란 바위는 돌아간다
승부는 속도가 아닌 지구력
샴푸 하나 들고, 일주일에 두 번씩 24주간
느긋하게, 조심스럽게
내 머리카락에 2% 니조랄을 3분간 적신다

비듬은 떠나고
내 어깨는 다시 검정 셔츠를 입는다

느린 걸음으로도
승리할 수 있음을
거북이가 알려주듯

나는 말레세지아에게 마지막으로 묻는다
"니 쫄았니(nizoral)?"

*비듬 곰팡이의 원인균 - 말라세지아 효모균
*2% 니조랄(nizoral) - 성분명, 케토코나졸
*경구용(oral) 니조랄은 간(肝)독성이 심하다

너도 시인이냐?

여의도(汝矣島), 너도 섬이냐?
그래, 나도 섬(島)이다
한 때는 물결 속에 잠기며
갈대와 모래로 몸을 이루던
그런 순한 섬 이었다
그러다 사람들이 왔다
지금은 성(城)처럼 굳어진 육지 같아
물길은 잊고, 다리만 기억하는
반쯤 잠든 이름이 되었구나

거위(鵝)야, 너도 새(鳥)냐?
창공은 멀고 땅바닥만 헤매면서
날개의 기억은 있으나
꿈처럼 접어둔 채 걷기만 하네

치매(癡呆)여, 너도 병(病)이냐?
아픔이라 부르기엔
스스로를 모르는
그 고요한 잊힘은 너무 슬프다

묻는다, 내안의 나에게
너도 詩人이냐

밤하늘 별에 물어본다
나는 고개를 저으며 말한다
시인은 아니야
다만,
詩는 나를 오래 바라보는 눈이었고
나는 그 눈을 사랑한 사람일 뿐

너도, 나도
이름과 모양을 지닌 채
본질을 잃어가고 있다
섬 아닌 섬, 새 아닌 새, 병 아닌 병,
시인 아닌 시인처럼
그렇게 살아가고 있다

*여의도의 汝(너 여)-강물(氵)을 바라보던 그 여자가 '너'

*詩三百 思無邪(공자. 논어 爲政편 2장)
-정치인이 詩 300편을 읽어야 하는 이유
-정치를 하려는 사람은
300편의 詩 모두가
순수하고 깨끗하고,
간사함이나 악함이 없고,
남을 해치려는 마음이 없으므로
시를 읽고, 시에 가득한 사람을 사랑하고
생명을 연민하는 마음을 배우고 길러야
올바른 정치를 할 수 있기 때문이라네

*어금니 모양을 본뜬 글자 牙(어금니 아)는
코끼리 이빨(象牙)이나 풀에서 어금니처럼 나오는 싹(芽 싹 아)처럼
아름답고 멋지기도 하지만,

구멍(穴)을 뚫는 무서운 어금니(뚫을 천 穿)도 있고(穿孔 천공),
마을(阝)에서 이빨을 깨물고 남을 헐뜯는 간사(奸邪)하고
사악한(邪惡) 나쁜 사람도 있다

*나이 들어 어금니(牙) 이빨이 빠지면, 간사함이 사라지나요?
아니지요.
왜?
임플란트 때문에
으 하하하!

식탁의 불로초, 양파

西洋에서 온 이름, 洋
순한 우리말, 파
파 중에서도 둥근(다마) 파(네기), 다마네기

벗기고 또 벗겨도
여전한 그 얼굴
껍질아래 또 껍질
비릿한 생의 냄새 가득한
하얀 속살 속에는
눈물도 함께 숨 쉬고

칼끝에 베인 듯
시린 눈가 적시며
말없이 건네는 양파의 속내

혈압을 낮추고
당을 다스리며
고지혈증의 기름진 피마저 걷어내는
작고 단단한 의사 하나

식탁 위, 늘 그 자리에
묵묵히 놓인

건강의 나침반(羅針盤 compass)
까도까도 끝이 없어 더 깊이 믿게 되는
不老草(장수 식품), 그 양파를 좋아한다

*천연 인슐린, '이눌린'이 풍부하다
*마늘- 천연 항생제
garlic=gal(창 모양의) leac(부추과 식물)
*양파는 점심 30분전에 먹는 것이 좋다
양파를 자른 후 15분이 지나야 효과가 더 좋다
들기름에 볶아 먹는 것이 좋다
*신장이 나쁜 사람, 와파린을 먹는 사람은 양파를 피해야 한다
*양파 꿀을 오래 먹으면 황반변성을 주의해야 한다
*요구르트. 커피와 함께 먹지 말라
*나침반(펼칠 라 羅, 바늘 침 針, 쟁반 반盤)
-바늘을 펼쳐둔 쟁반

銀의 나라 아르헨티나

은빛 대지, 은의 나라
아르헨티나라 불리는 땅 위에
밤하늘은 은가루를 뿌린 듯
흰빛의 강, 은하수가 흐르네

하얗게 반짝이는 그 매력
흰 쇠(銀)의 매력적인(silver) 빛깔은 영원히 빛나고
라틴어 argentum(Ag. 銀) 그 말에서 비롯된
이 나라의 이름, 은의 숨결을 담았네

은의 풍요로움으로 채워진 땅
그 빛은 스페인의 지배아래
식탁 위 평평한 접시, 프라타(plata)로 불렀으나
독립의 날엔 Argentum(아르겐툼)을 품고
자유와 함께 그 이름을 아르헨티나로 새겼네

은빛의 전설은 대지와 함께 숨 쉬고
밤하늘에 마치 은가루를 뿌려놓은 것 같다는 銀河水와 더불어
영원히 반짝이며 흐르리

은빛으로 감싸인 세상
은수저, 은 귀걸이, 은 찻잔의 온기

銀을 가지고 가야 하는(行) 장소인 銀行에서
고요히 흐르는 은의 숨결이여

너는 빛을 품어 부드러움으로 다가오고
살균(세균과 바이러스)의 손길로 우리를 지켜주네
부작용 없는 치유, 항암치료의 손길로
화학의 거친 길보다 온화한 선택이라

그러나 조심스레 다가가야 하는 법
은침과 은 이온의 작은 손길이
피부 위에 남기는 흔적, 그 색 변함이
銀 중독의 경계에서 흔들리니

은의 온화함을 받아들이되
그 끝없는 깊이를 경계하며
조심스럽게 그리고 지혜롭게
그 빛 속에 걸어가라

*청년은 앞을 내다보고(金)
노인은 뒤를 돌아본다(銀)

*남자는 마음으로 늙고, 여자는 얼굴로 늙는다

*銀=金+艮(간) argentum. 하인이나 천민을 뜻한 艮
신분이 낮은 사람들이 사용했던 銀
앞뒤로 어긋나게 잘 구부러지는 금속
金은 금인가 구리인가 2번 쳐다보지만,
銀은 특이한 색깔 때문에 두 번 다시 돌아볼(艮) 필요가 없이

구별이 가능한 금속

*艮 -어긋나다. 거스르다

根 -나무위로 뻗는 대신 어긋나게 땅으로 뻗는 뿌리

恨 -어긋난 마음, 거꾸로 가는 마음

水銀과 진시황

은빛을 닮은 그 유혹
수은의 차가운 속삭임에
진시황은 불로장생의 꿈을 품었네
영원한 젊음, 끝없는 생명을 찾아
주사(朱砂)의 붉은 빛을 약으로 삼았네

피부는 탱탱해지고
성욕은 불타오르며
그는 불멸을 손에 쥐었다 믿었지만
그 은빛 독은 서서히 그의 몸을 삼켰네

하루하루, 그 약을 먹고
몸에 바를수록
그의 정신은 흔들리고, 환각은 덮쳐오고
마침내 그는 그 꿈속에서 길을 잃었네

49세의 짧은 생
영원을 향한 갈망 속에
수은(水銀)의 독은 그의 생명을 앗아갔고
불멸을 꿈꾸던 그의 몸은
흔들리는 은빛 환상 속에서 사라졌네

水銀

水銀(hydrargyrum 히드라르기름 Hg)은
hydra(물)+argyros(은) 합성어이다
물과 잘 섞인다
상온에서 액체 상태인 유일한 금속으로
살아 있는 것처럼, 물처럼 빠르게 흐르는 銀이다
　　(Quick silver. 독일어 quecksilver 크백질버)
水銀은 온도계. 기압계, 혈압계,
형광등, 수은등,
썬텐, 멸균 장치, 살충제, 제초제,
치과(아말감)에서 유용하게 쓰이고 있다

그러나 은빛을 닮은 그 유혹
차가운 속삭임, 그 흐름엔 독이 숨어 있어
신경계를 마비 시킨다(언어. 운동장애)

모자를 만들 때 발생하는 다량의 수은 증기 때문에
몸이 떨리거나 정신이상을 일으키는 '모자 상인들'
부적의 붉은 물감(주사)을 만지는 무속인들,
금을 수은에 녹인 뒤 청동에 바르고, 가열 후 수은을
날려 보내 금빛 찬란한 불상을 만드는 사람들이
水銀의 독에 고통을 받고 있다

水銀은 살아있다
그러나 그 흐름 속엔 보이지 않는 위험
보이지 않는 독이 숨어 있으니
은빛을 쫓아가려는 자, 그 속삭임에 귀 기울이지 말지어다

*黍(기장 서. 수수) =禾+入+水
-물이 가득 찬 논에 심어 놓은 기장(수수) 모습
-벼(禾)가 물(水)로 들어가는(入) 모양
-곡식가운데 가장 물기와 찰기가 많으므로 술을 만든다
*검은 머리=黎首(여수)= 백성
黎(검을 려)=기장 서(黍=禾+人+水. 수수)
기장 재배가 힘든 농사를 짓느라 농부가 햇빛에
검게 그을린 검은 얼굴
黎=黍+𥝢(쟁기 려) -쟁기도 검고, 곡식도 검다(흰쌀에 비해)
*모자
愛育黎首(애육여수)-지배층은 모자를 썼지만 피지배층은
검은 머리털을 그대로 노출. 黎首=백성

머큐리

머큐리, 세 얼굴의 별
먼저는 은빛 금속, 이름은 Hg(hydrargyrum 화학원소)
세상의 어둠 속 은밀히 숨어
불타는 온도 속 빛을 비추네

다음은 목화토금수 5행 중 水(물)를 따라 흔들리는 물결
북쪽의 별(水星), 물길을 가르네
흐르는 속도, 보이지 않는 길
그림자 사이로 새벽의 춤을 추네

그리고 태양의 첫아들
神과 인간을 잇는 빠른 전령
날개 달린 언어로 세상을 가르며
상인의 이름 속 머큐리가 빛나네

그리스의 헤르메스
럭셔리 브랜드의 운명처럼
빠르게 성공을 달려온 이름
속도와 지혜로 부를 쌓네

이리자리 흘러가는 행로마다
그의 이름을 따르며 뻗어나가네

은빛(Hg), 물길(水星), 속도의 별(전령)
머큐리, 그 이름의 춤

*水星은 태양의 첫 번째 아들(水金地火木土天海冥)로
이리저리 빠르게 흘러 다니면서,
뛰어난 언변으로 神과 인간을 잇는 전령(신들의 심부름꾼)
지구가 태양을 한 바퀴 도는데 365일 거리지만
수성은 88일로 훨씬 빠르게 돈다
태양계에 근접해 있기 때문에 보기가 힘들고
일출 전, 일몰 후 2시간 사이에만 보인다
*그리스어로 헤르메스, 라틴어로 메르쿠리우스(mercurius),
영어로 머큐리(mercury)라고 부른다
*머리 회전이 빠른 상인을 merchant(머천트)라고 하는데
그 어원이 머큐리이다 (market. mart)
*에르메스라는 럭셔리 브랜드의 설립자 이름도
Hermes(프랑스어 H는 묵음)이다.
빠르다는 이름 덕분에
빨리 부자가 된 기업이다
*天王星(하늘의 신 우라노스), 海王星(바다의 신 포세이돈. neptunus)
冥王星(저승의 신 하데스)

머큐롬은 왜 빨간색인가?

은빛 수은이 붉게 빛나는 이유는
수은 광석이 보통 붉은색 분말(진사 辰砂. 丹砂.朱砂)로 발견되어
불 속에서 비로서 수은이 태어나는 까닭이다

도장밥, 수은온도계가 붉은색을 그리는 건
붉은색 진사의 흔적
그 붉은 빛 속에 담긴 화학의 비밀

상처에 바르는 머큐롬 물약도
Hg2+(수은 이온)이 가시광선 영역의 빛을 흡수하고
빨간색 빛을 방출하기 때문이라네
그 붉음 속에 치유의 손길이 깃들어 있네

*red 붉은색의 어원
-붉은 뜻의 라틴어 ruber
-Ruby 루비보석

*머큐롬(mercurom)은 일반적으로 수은(mercury)을 포함한 제품

로마를 망하게 한 납(鉛)

로마의 쇠퇴는 은밀히 흘러든 납(鉛), 푸르스름한 쇠가 되어
도시의 속을 채우고 신경을 마비하니
강력했던 로마 제국도 서서히 무너져 내렸네

그들은 차가운 강관에, 맑은 물길을 내어주며
배관에 녹여낸 독을 잊은 채 살았고
수도관에 흐른 납은 달콤했으나 독이 되었지

이제는 몸을 멈추고 생각해야 하리
우리의 쇠퇴도 이 납(鉛 plumbum. Pb)의 길을 따르지 않기를

*납의 라틴어 이름은 plumbum 이라
원소기호는 Pb 영어로는 Lead(레드)라 하며
배관(plumbing), 배관공(plumber)도 여기서 유래된 단어들이다

*鉛(납 연)은 늪(口)이 푸르른 쇠(金)와 같다는 뜻이지만,
납(鉛)은 이끌다. 인내하다. 선두. 리더 쉽. 주연.
실마리. 단서 라는 뜻도 있다

*납의 용도는
납-축전지. 땜납.
X선 장치와 원자로의 방사선 차단제.
고압전선피복제. 탄환(납구글) 등에 사용되며
납의 독성 때문에 수도관, 페인트 안료용 사용은
제한을 받고 있다

*로마가 납 때문에 망하다니 납득(納得)이 안간다
納(들입 납. 바칠 납)-안(內)에서 실(糸을 잡아 '드리다. 바치다'
得(얻을 득) -길(彳)에서 손(寸)으로 돈(旦, 貝의 변형)을 얻는다

*납골당(納骨堂)(일본)-시체를 화장한 후, 유골을 모셔두는 곳
한국에서는 봉안당(奉安堂)이라 함 -뻿가루를 모아 놓은 곳

카드뮴, 남편보다 카드(card)가 더 좋다

그리스의 신화 속 먼 기억에서
이름을 빌려와 빛을 입은 금속
카드뮴(cadmium, cd), 카드와 닮아 쉽게 손에 쥐면
숨죽인 위험이 품안에 잠든다

카드뮴과 아연은 절친한 친구로, 땅 속 깊이 숨쉬다
인간의 욕망에 함께 끌려 올라와
백색의 부드러운 몸을 드러내네
날카로운 칼로 자를 수 있을 만큼 무르네

카드뮴은 황색물감으로 빛나는 날들
충전지. 항공기 부식방지 도금, 도로의 노란 차선,
수채화 노란색 등 염료 물감으로 사용되지만
그는 가만히 숨을 멈추고 잠든다

그러나 은광이 닫히지 않은 채 방치될 때면
작은 마을의 시름 속에 그의 입김 스며드네
독에 물 들어가듯 조용히, 깊이 퍼져
사지의 떨림, 입술의 경련, 발음장애. 진행성 보행실조로 남아
이타이 이타이(아프다 아프다 병), 그 고통이 노래로 울린다

그는 강렬한 색으로 말하길 멈추고

우리의 그림자 속에 은밀히 남으려 하네
그의 부드러운 빛 아래 숨은 날카로움을
조심하라, 그대

여성들은 남편보다 마음대로 사용하는 카드를 더 좋아한다
카드뮴을 닮은 카드를 조심하라, 그대

뼈를 잘 뿌러뜨리는 아연(亞鉛), Zn=제트엔=제텐

납(鉛)과 비슷하다는 亞鉛(아연)은
푸른빛을 띠는 백색금속으로
하얗게 빛나는 그 모습은 강하지만
날카롭고 뾰족한 결정처럼 성질도 위험을 품고 있네

배터리에 흐르는 힘
방사선 차폐하며 버텨주는 벽
건설현장의 견고한 파이프 이지만
그 빛난 결이 신경과 혈관, 신장을 무너뜨리네

과량섭취하면 부드러운 몸을 아프게 해
구리를 빼앗고(구리 결핍), 미각을 잠재우고(미각상실),
나직한 소리마저 잃게 하고(청력상실)
경련, 메스꺼움, 좌골신경통의 독한 유혹이 나타나네

아연은 칼슘 흡수를 방해하므로 골연화증(骨軟化症)으로
건드리거나 재채기만 해도 뼈가 부러진다
재수 없으면 그런 사람 약간만 건드려도
뼈가 부러짐으로 크게 고소당할 수 있다
골연화증의 나약한 뼈를 누가 건드리라
작은 충돌에도 부서지고 말리
혹여 그대, 문어. 게. 낙지. 문어 내장에

아연이 많다는 것을 아는가
어두운 길에 들어 설가 주의하라 l

가벼운 접촉조차 조심해야 할 아연이여

*아연광석의 결정 형태기 날카롭고 뾰족하다고
zinc(어원 독일어 zink. 징크. 뾰죽하다. 날카롭다)라고 한다

*늪 연(㕣)의 八은 양쪽, 口 어귀를 뜻한다
물이 모아진 곳, 물이 고여 있는 늪. 산 속, 벌리다
船(배 선)은 물 따라 가는 배(舟 배 주)
*亜鉛. 黑鉛. 鉛筆

	라틴어	영어		부작용
金	Au, aurum	gold		
銀(흰 쇠)	Ag. Argentum	silver	銀河水 銀行	피부 변색
水銀 (퀵 실버. 수성)	Hg hydrargyrum	quick silver	水星= mercury(영어) 메르쿠리우스(라틴어) 헤르메스(그리스어) 에르메스(프랑스어)	미나마타 병 (수은 중독)
亜鉛 (푸른색을 띠는 백색금속)	Zn.	zinc	鉛= 납. lead	아연중독- 메스꺼움, 경련. 미각상실 청력상실, 좌골신경통

납

재빠른 납이 나비로 변하네
자유롭게 날아오르는 그 모습
잔나비는 잿빛 털로 감싸여
숲속에서 신비로운 그림자처럼

야웅, 야웅 고양이의 노래
옛날 괴(猫)가 변해 지금의 고양이 모습
어지러운 글씨, 괴발개발(고양이와 개 발자국)
발자국이 남긴 흔적, 세상에 흩어져

재주 있는 동물들
소리와 움직임으로 이야기를 엮어
자연의 리듬 속에 살아가네
삶의 다양성, 아름답게 피어나는

*언어학적으로 재빠른 동물을 가리키는
'납'이 접미사 '이'가 붙어 납이, 나비로 변한 것이다
재빠른 동물의 상징인 원숭이를 '잔나비'라 부른다
'잔'은 잿빛을 뜻하므로
잔나비는 잿빛 털을 가진 재빠른 원숭이 이다

*야옹야옹 소리를 내는 고양이도
야옹이 또는 나비라 부른다

고양이는 옛말 '괴(猫 괴 묘)'가 변한 말이다
글씨를 아무렇게나 써 놓은 모양을
'괴발개발'이라 한다
고양이와 개의 발자국처럼 어지럽다는 의미이다

상처 날 때 바르던 빨강 약, 머큐롬

상처가 날 때 바르던 빨강 약
머큐롬이 사라졌다
중독을 일으키는 수은(水銀) 때문이다

지금은, 그 빨강 약 전통을
요오드와 과산화수소가 대신하고 있다

영화 '매트릭스'에서
빨간 약을 선택한 사람은
우주의 거대한 침묵 앞에서 잠 못드는 사람들이다
파란 약을 선택하면 끔찍한 진실을 전혀 깨닫지 못한 채
안온하게 아무런 고민 없이 통속의 삶을 이어간 사람들이다
그래도 빨간 약을 선택한 사람들은
마음편한 거짓 믿음보다
불편한 진실을 더 좋아하기 때문 아닐까?

1)요오드 팅크(iodine tinture)
=요오드-옥도, 팅크 -정기(丁幾) 변함 -옥도징끼
-요오드+알코올
-개량형: 베타딘. 포비돈(요오드+알코올)
-포비돈 poly-vinyl-pyrrol iodine(PVP)(포비돈 요오드 약어)
-베타딘 -베타는 알파 다음 두 번째 상호(브랜드)라고,
딘은 발음 마케팅

2)머큐롬=머큐룸=머큐로크롬(mercurochrome)

요오드가 없고, 수은 2%+알코올

mercury(수은)+chrom(색칠 된다. 有色화합물)

영어 머큐로크롬, 미국 머보민(merbromine), 한국 머큐롬

=아까징끼(아카이+옥도정기)=아까 붉다 赤+징끼(丁幾 tincture)

3)옥시풀(2% 과산화 수소액)

-H2O2(과산화수소)-여분의 산소가 미생물을 태워서(酸化)죽임

*수은 중독병 - 미나마타 병

*수은은 도장 찍을 때 사용하는 '주사'라는 광물에서 추출한다

*수은은 화장품으로 사용

수은이 피부에 들어가면 혈액 이동을 막아 피부가 창백

이를 미백효과로 착각

*머큐롬 피부, 빨강 피부, 紅疹(홍진), 홍역(紅疫)

심장(心臟)만 순수 우리말이 없네

오금이 저리고 부화가 치며
세월의 무게가 간담(肝膽)을 써늘하게,
비위(脾胃)가 상하고
벨이 꼬이네
50대 반액 세일, 60대 창고방출,
70대 분리수거, 90대 폐기처분

80대는 소각 대상으로
별 볼 일 없는 놈(星見事無者)
한물간 놈(一水去士)이란 말이지?

병원쇼핑을 하는 환자들을 보며,
그럴만도 하다, 삶의 외로운 전투
년간 70번 넘게 병원을 찾는 외래 환자가 145만명,
이들에게 지급한 비용이 6조5천억(2023년 통계),
실손 보험도 문제이고
건보재정이 감당하기 어려워

의료 개혁이 절실한 시대
피해 보는 애꿎은 환자가 없기를 바라며
삶의 질을 높이는 길 찾아
함께 나아가야 할 때, 새로운 희망

*부아(표준어) -
창자(표준어), 창새기(사투리)
부에나고 창새기가 꼬인다
*부아(폐. 허파)를 돋우다
부아가 치민다. 보골(허파)이 난다
-화(火)가 끓어오르면서 숨이 가빠지고
가슴이 들썩거리는 모양(분한 마음)
-부화(옛말). 부애(사투리)
-부에 나다(제주도 방언 사투리)
-부화는 허파, 가슴 또는 마음(울화)을 나타낸 말
*이순신장군처럼 한산 섬 달 밝은 밤에 ~
남의 애를 끊나니
*애간장이 타고
애간장의 애(강조)+肝腸(간과 창자)
-애는 애(창자). 쓸개(담). 간. 허파를 뜻하는 우리 옛말
*배알=창자=밸도 없는 놈
창자가 꼬인 것처럼 마음이 꼬이는 것을
*오금(popliteal fossa)이 저린다
-무릎을 구부리면 뒷부분 오목하게 패인부분
*슬와(膝窩)
*미주알 고주알
-사소한 일까지 속속들이 캐낸다
-창자 끝부분까지 캐낼 정도로 꼬치꼬치 캐낸다
-신체의 은밀한 곳에 감추어져 있는 살덩어리
-고주알은 미주알에 운율을 맞추기 위한 것으로 별 뜻이 없다
*比肩(어깨)하다
*슬하(무릎아래)에 두다
*소각(燒却)-불사를 소, 물리칠 각.
-불에 태워서 없애버린다. *燒酒(소주). 소작(燒灼)
*却-무릎 끓고 뒤로 물러가다 *기각(棄却) 버릴 기.
-물러나는 발(月) -脚. 脚線美(각선미)
*堯(임금님 요. 높을 요). 燒(불꽃이 높이 타오르다)

*去(갈 거) -땅(土)에서 나는 마늘(厶)냄새 때문에 가다(떠나다)
*治(다스릴 치. 병 고칠 치) -물처럼 정확히 가다

충장로

(1)
보고 싶은 곳에 와보았네
서울을 지나 도시 숲을 헤치며
충장로에 도착하니
천하의 비경이 눈앞에 펼쳐지네

걸어보면 도시 속의 무릉
한숨에 피어나는 고요한 풍경
나는야 아름다운 빛이 되어
빛고을 光州 무등산에 날고 싶네

푸른 산자락, 구름을 끌어안고
아름다운 자연과 하나 되어
내 마음의 소리로 하늘을 수놓고
자유롭게 펼쳐지는 꿈을 향해

(2)
충장로 시(10)월이 되어
축제의 마당이 활짝 열리면
웃음꽃 터지는 소리에
가을 하늘이 빛나네

파란 하늘 가득히
웃음꽃이 빵빵 터지며
황금빛 꽃이 되어 내려오고
충장로는 꽃구름에 휩싸인다

발길 닿는 곳마다 쌓인 웃음꽃
천하의 비경 속에서
사람들은 꿈을 꾸고
세상은 축제의 색으로 물들어 가네

여기 충장로
가을의 찬란한 미소가
천하의 경치로 피어나는 곳

치매 3가지 치료법

흐릿해진 길 위에서
조금씩, 희미해지는 나의 추억들
그러나, 그 길을 잡고자 하는 노력은 필요하겠지

1년치 주사제 치매 치료비가 3천만 원
완전한 치료가 아니라,
진행 속도를 늦추는 효과(27%) 뿐이지만
선명하지 않아도, 늦추어 갈 수 있다면
그걸로도 소중한 삶이라 부를 수 있으리

치료비 필요 없는 3가지 방법도 있다
치매는 당뇨병(3형)이므로 혈당조절을 잘 하면
좋아지는 생활 습관병이다

잠을 푹 자면
밤을 지나 뇌의 활성산소(노폐물) 노폐물은
고요히 씻겨지고 사라진다

유산소 속에서 춤을 추어야(유산소 운동)
기억력을 담당하는 해마가 커진다
뇌의 1kg 무게 중, 지방이 600g 차지하므로
기억의 조각이여, 오메가 3의 바다로 채우리라

그러나 조금씩 천천히
내가 가던 길을 다시 걸어볼 테다
희미해져도, 여전히 아름다운 길

*돈 안 드는 치매 치료법 3가지
1)혈당 조절. 2)잠 잘 자기. 3)유산소 운동
뇌세포는 한번 죽으면 살아나지 않지만,
새로운 신경회로를 형성하고 재배치하는 능력
즉 가소성(可塑性 plasticity)이란 놀라운 성질이 있다

흙(土)으로 무엇이든지 빚을 수 있다 (토우 소. 흙 빚을 소 塑)
뇌는 바뀔 수 있다
기억력은 회복할 수 있다. 치매는 치료 될 수 있다.

*기억력을 되살리는 운동
풍지혈(風池穴. 바람의 연못)을 매일 10초씩
10회 눌러라
머리로 올라가는 혈액순환을 원활하게 해 기억력 회복

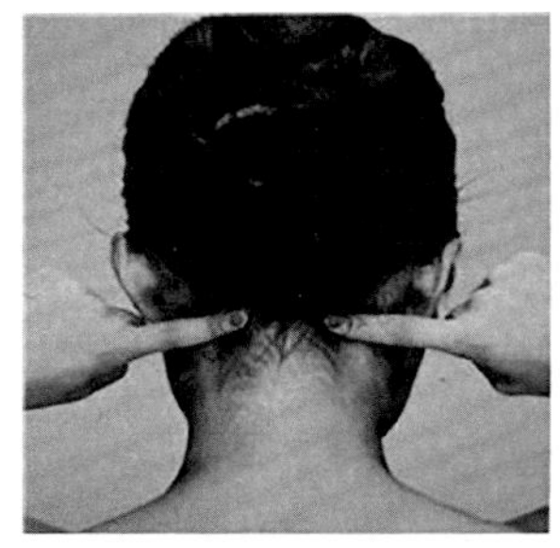

가소성(可塑性)과 색즉시공(色卽是空)

흙은 말이 없다
그러나 흙으로 무엇이던지 빚을 수 있다(가소성)
흙 한 줌
손끝에 순한 숨결로 빚어진다
그릇이 되고, 새가 되고
잠시 꽃이 되어 바람을 담는다

色도 인연 따라 나타난다(色卽是空)
인연이 다하면 존재도 사라진다
또, 空이 인연을 만나면
色으로 존재를 드러낸다
空(무 존재)이 바로 色(존재)이다(空卽是色)

모든 빛깔
인연 따라 빛나고 스러지니
있는듯하여 없고
없는듯하여 피어난다

색즉시공(色卽是空),
잡으려 하면 사라지고
비우면 가득찬다

공즉시색(空卽是色)

텅 빈 마음에
작은 떨림 하나 스며들면
세계가 깨어난다

精神(정신)과 神經(신경)도 흙처럼
모양 없이 빚어지고
뜻 따라 자라며
한 순간 우주가 된다

형상은 흐르고
의지는 남아
끝끝내 변하는 모든 것 속에
변치 않는 비움이 있다

존재는 인연이고
인연이 다하면, 흙(空)으로 돌아간다

마음도 그러하다. 신경도 그러하다
모양 없으나
뜻을 만나면
세상을 만든다

*신경(神經)-네덜란드에서 의학을 전수한 일본어 번역
神(혼)經(동맥. 정맥)
= 神氣(정신)+經脈(경로)의 약자=정신의 통로. 마음의 통로
神(귀신 신)=示(보일 시)+申(납 신. 알릴 신)
經(날 경. 지날 경)=糸(가는 실 사)+巠(지하수 경)

*鄭敾(정선) 겸제(謙齊)의 인왕제색도(仁王霽色圖)의 12자
'仁王霽色 謙齋 辛未(1751년) 閏月 下浣'
霽 -雨밑에 有의 변형
비가 내린 뒤 仁王山을 그림.
謙齊. 辛未(1751년) 윤오월 下浣(하순 下旬)
霽色(제색) -비(空) 갠 뒤의 色
비(雨. 空에 해당))가 갠 뒤에(霽)
色채를 통해 자연의 아름다움을 보여준다
노여움을(空) 풀 때(霽) 아름다운 얼굴의 色이 나타남

*齊(가지런할 제) -보리이삭이 나란히 핀 모습
齊家 -집안을 가지런하게 다스린다(修身齊家)
霽(=雨+齊. 비 갤 제) -비가 개다. 밝고 맑다. 노여움을 풀다
-비(雨)가 내린 뒤의 가지런함(齊)을 나타냄

*제행무상(諸行無常)-이 세상 모든 행위는 변하고,
영원한 것은 없다
諸-모든. 여러 가지
諸行-모든 행위
無常 -항상(恒常) 하지 않고, 변함. 人生無常
色(평안. 밝음)과 空(슬픔. 고통)은 항상 변한다

*恒常만 있었으면 좋겠는데, 無常이라네
모든 행위(諸行)는 변하고(無常)
人生도 변하는 無常이라네(인생무상)
좋다가 나빠지는 것만 무상이라 생각하는데
그렇지 않다네
나쁘다가 좋아지기도 하니까

인생은 18년마다 사이클의 변화가 오므로
108세까지, 6번의 좋고 나쁜 기회가 올 수 있다네

사이클의 폭은?
파도처럼
좋은 운이 올라온 만큼, 나쁜 운도 그대로 내려간다

*恒(항상 항)
二+日 - 천지(二)를 휘돌며 햇살(日)이 뻗친다(퍼진다)
마음(忄)이 끝없이 뻗치니(亘 뻗칠 긍) '항상. 늘'
*桓(굳셀 환) -해 뜨는 동쪽의 나무, '환하다. 굳세다' 桓雄(환웅)
*尙(오히려 상, 높을 상)
*常 -내려가는 바지(巾)를 위로(尙) 올린다

*사람이 억(億)만금이 필요한 이유
사람(人)이 뜻(意)대로 할 수 있고(億=人+意),
삶 자체가 파란만장(波瀾萬丈)하니까
(만 원 짜리 1만장이 모이면 億)
으 하하하!
노인들은?
추억(追憶)의 憶이 필요하지요
그러나, 황금 알(卵)이라는 億을 좋아하는 사람들은 정이 없다
왜?
새끼를 가슴에 품고 젖을 먹이지 않는 대부분의 동물들이
알을 낳기 때문이다

*波瀾萬丈 물결 파, 물결 란, 일만 만, 어른 장
丈(3m), 萬丈(Km)
파도가 높고, 변화가 극심하다
*柬(가릴 간)=木+目
-나무를 눈으로 살펴서 좋고 나쁨을 '가리다. 분별하다'
-나무(木) 뒤에 숨어서 본다(目)
闌(가로막을 난) -門과 만나면 안팎을 분별해(柬) 가로 막는다
瀾(물결 란)- 물(氵)이 가로 막히면 물결이 일어난다
蘭(난초 란) - 풀(++)이 가로 막으면 향기 나는 蘭草가 피어난다
欄(난간 난)- 나무가(木) 가로 막으면 난간이 된다

*塑(토우 土偶 소. 흙 빚을 소)
土偶 -흙으로 빚은 인형(원숭이처럼 사람을 닮은 인형)
偶 -짝 우, 배우자. 인형. 우연히

*흙에서 왔다
내 이름은 아담(어원: 흙)
바람이 불면 무너지지만
물 머금으면 다시 일어서는 몸

한 줌의 흙
그 속에 숨결을 불어넣으시니
나는 걷기 시작했다
높은 데로 가지 못하게
뿌리를 땅에 두셨다

휴먼이라 불린 나는
땅의 자식
겸손이란 이름을
몸안에 간직한 체 태어났다

겸손(human)이 없으면
나는 돌이 되고
고집이 굳으면
그릇 되지 못하고 부서지고, 가소성이 사라진다

그러니 나는 부드러워야 한다
겸손한 흙이 되어야
빚겨지고, 쓰임 받고, 담길 수 있다

내가 무릎 꿇을 때
神의 손이 닿고
흙(土)처럼 내가 낮아 질 때
형태를 얻는다

나는 흙(가소성의 土)이다
그것이 내 약함이자
가장 큰 강함이다

치매(癡呆)

나무(木) 밑이 아닌 나무 위에서
입(口)을 벌려 저물녘을 삼키는(呆) 당신
그 한숨엔 어떤 어둠이 숨겼나

해(日)는 나무(木) 밑으로 기울고(杳 아득할 묘)
온 가족은 그늘아래 몸을 웅크리고
행방묘연(行方杳然)해진 어머니,
어머니 부르지 못한 한숨은
무겁게 땅에 깔린다

어둠이 깊어질수록 멀어지는 발걸음
얼마나 아득한 곳을 걷고 있을지
손 닳지 않는 길 위에서
당신은 어디에 서성이는가

억울(抑鬱)함을 속에 삼키며
남은 우리, 憂鬱症(우울증)으로 홀로 밤을 깨운다

*卬 높을 앙.
사람(人)이 무릎 끓고(卩) 보는 곳이니 '높다. 누루다'
抑(누룰 억) -높은데서(卬) 손(扌)으로 누루다
*鬯(울창주 창. 鬱鬯酒 울창주. 술 이름 창)
-울금향(鬱金香. 튤립)을 넣어 빚은 향기 나는 술

-뚜껑이 덮인 술항아리 酉(닭 유)

鬯(울창주 창)은

몸통이 불룩하고 입 주위가 좁은 그릇(凵)+곡식 낟알들(米)

+숟가락(匕)의 합자

*鬱- 향기 가득한(彡) 술(鬯)이 담긴 장구(缶 장군 부)가

빽빽한 숲(林)에 가려(冖 덮을 멱) 사람들의

눈에 띠지 않으니 얼마나 답답할까? (憂鬱症, 抑鬱)

-보석, 돈(제물)이 가득 담겨있는

항아리(질그릇, 도기 缶)의 寶(보배 보 宀+王+缶+貝)처럼

집(宀)에 있어야 눈에 잘 보이는데, 숲에 가려 있으니 불안

-缶(장군 부, 질장군 부) : 술, 간장, 똥 따위를 담는 장군은

순수 우리 말(똥 장군)

그릇(凵 입 벌릴 감)에 담긴 흙을 찧는 모습

*缺(이지러질 결) -질그릇이 깨어져 떨어져 나간 모습 - 缺點 결점

*중국에서는 튤립을 울금향이라 한다

*鬱金香과 생강 비슷한 鬱金은 한자가 똑같지만, 서로 다르다

*치매 - 어리석고 미련하다는 부정적 이미지 때문에

'인지증(認知症)'이라 한다

*건망증(健忘症) -건강한 상태에서 일시적으로 기억을 못하는 현상

*고령(高齡) 사회 (65세 이상 인구)

令(하여금 영/령) -사람(人)을 하나로(一) 모아서(亼, 삼합 집)

무릎(卩, 병부 절))을 꿇게 명령한다

-윗사람이 아랫사람으로 '하여금' 무엇을 하게 함

齡(나이 령)=齒+令 -치아로 하여금 나이를 짐작한다

-소(牛)나이는 치아로 계산한다

*命(목숨 명)=令+口, 하늘의 입이 인간으로 하여금

받들도록(令) 시키는 天命

*齒(이 치)=止+凵+人人+一

입 벌린(凵) 상태에서 멈추고(止) 입안을 보면,

치아가 상하로 人人 일자로(一) 나란히 있다

-치아 숫자 齒=8자x4=32개, 사랑니 4개 빼면 28개(이빨 청춘)

신경의 옷(수초 髓鞘)

뇌 속 천억의 별들
끈적한 아교(阿膠)의 바다에 부드럽게 뿌리 내린다
성상세포의 섬세한 손길로
영양은 별빛처럼 스며들고
소교세포의 전사들은 보이지 않는 칼을 들어
침입자를 막아선다

피막, 신경의 옷 수초는
흐르는 전기의 강을 품고
한 올 한 올 견고히 짓는다
하지만 그 옷이 찢어질 때
전류는 방황하고 누전은 꿈틀대네

뇌전증이 춤추고, 기억의 강물은 메마르며
치매가 발걸음을 떼고
파킨슨의 손은 떨리고
루게릭의 침묵 속에서
하나둘 쓰러져가는 뇌의 불꽃들

마지막까지 견딘 신경의 옷
이제는 덧없이 흩어지네

*뇌(腦) 속의 신경=뇌세포(1천억 개)+ 아교세포(1조억 개)

*아교(阿膠)세포 3종류

1)별처럼 빛나는 성상세포는 영양을 담당하고,

2)소교세포의 전사들은

병원체감염, 세포손상보호, 면역을 담당한다

3)뇌세포는 전기가 통하므로 피막(수초)이 필요한데

세 번째 핍(희)돌기 교세포가 이러한 수초의 옷을 짓는다

*슈반 셀 : 수초를 구성하고 있는 세포 중 하나

*최악의 암 – 췌장암과 교모(膠母.아교세포 glial cell)세포종

호사다마(好事多魔)

좋은 일에 탈이 많다
호사다마에 귀신(魔)이 나타난다
커다랗고 이상한 가면을 쓴 사람이
무릎 꿇고 있다는 魔(마귀 마. 麻+鬼)
정신을 온전치 못하게(환각 麻) 만드는 귀신(鬼)이다

고된 노력 없이 황홀경에 빠져들게 해
온 마음에 스며드는
그 달콤한 손짓
마법의 약, 아니 악마의 약이 痲藥(마약)이다

곰보(마마) 할머니가 만든 얼얼한 두부 요리
마파(麻婆)두부의 손맛은 진정하고,
마라탕의 매운맛은 일순간 혀를 자극하지만
정신을 흐리게 만드는 귀신의 숨결 '麻'가 엿보여 두렵다

노력 없이 단번에 황홀경에 빠질 수 있는
痲藥은 魔法의 藥이 아니다
인간의 힘과 의지로
그 쓰라린 유혹을 뿌리치고
이겨내지 못하는 약이다

*痲藥(저릴 마)
*마라탕(痲辣 저릴 마+매울 랄)은 매운 음식이다
*麻 삼(대마) 마, 저릴 마. 문지를 마
摩(손으로 문지를 마)
-摩天樓 손(빌딩)으로 하늘을 문지르다. sky scraper
磨(돌로 갈 마) -돌로 문지르다. 達磨大師

*곰보 배추(배암 차즈기)
-잎의 앞 표면이 울퉁불퉁 곰보처럼 못생겼다고
-꽃모양이 입벌린 뱀(배암)처럼 생겼다고
-한방에서 소산(小蒜)이라 함 - 천식. 기침. 가래. 목통증 완화
*천연두 후유증, 곰보 – 조지 워싱턴, 다산 정약용

복이 든 얼굴

나이가 들었다고
늙었다 하지 말고
익어가는 과일이라 불러다오

두부(豆腐)도
부패되었다 하지 말고
익어
부드러워졌다고 말하면
얼마나 좋을까

어리석고 미련하다는 부정적 이미지의 치매 대신
인지증(認知症)이라 부르듯이
얽힌 얼굴, 곰보라 하지 말고
패인 곳마다
복이 깃들었다 말하라
피부 트러블(자국)이 있었던 분
자국이 좀 있지만,
항상 밝게 웃는 모습이 인상적인 분이라 불러다오

굳이 말의 칼날로
누군가의 삶을 저미지 말고
따뜻한 눈으로 보아주면

세상도 조금은
덜 아프지 않을까

*府(관청 부) 건네주기 위해 보관하는 창고(广)
*付(줄 부) 다른 사람에게(人) 손(寸)을 써서 무언가를 건네준다
*腐(썩을 부) 창고 안에 쌓인 고기(肉)가 썩어 냄새난다
*두부(豆腐)- 썩혀서 만든 게 아니라 부드럽다는 의미

프로이트와 아인슈타인

20세기 100년(1900~1999), 꿈의 역사에서
가장 위대한 공헌자라고 1999년 TIME 지에서 발표된
1위는 현대정신분석의 아버지 프로이트(1856~1939),
2위는 상대성이론을 발표한 아인슈타인(1879~1955)이었다
두 분 모두 유대인이다

동물 중에서 웃음을 아는 유일한 동물은 인간뿐이다
웃을 때 모르핀보다 200배 진통 효과가 있는
쾌감 호르몬, 엔도르핀이 분비된다
웃음은 공짜 항암제이고 통증을 완화 시켜주는 약이다

정신의 깊이
무의식의 바다를 헤엄치며
인간의 본질을 밝혀낸 프로이트는
사랑과 고통의 진실을 노래한다
무의식이 의식을 통제하므로
억눌려있던 공격에너지가 해방되어
웃음이라는 형태로 발산되는 유머는
멋지고 고무적인 최고의 방어기전이라고 말했던
프로이트는
쿠바(Cuba)의 시가를 즐겨 해서 그런지
66세에 구강암(癌)에 걸려 16년 동안

83세에 모르핀 도움으로
안락사를 선택했다

은빛의 속도로 나아간 천재
상대성의 원리로 세상을 새롭게
우주의 수수께끼를 풀었던 아인슈타인
건국기념을 축하하는 연설문을 작성하던 중
복부 대동맥류(大動脈瘤)로 병원에 입원했지만
내가 원하는 때 가고 싶다
인공적으로 생명을 연장하는 것은 부질없는 것이라고 말하면서
수술을 거부하고 76세에 생을 마감하였다

유대인의 지혜로 엮인
두 인물, 역사에 불을 지피고
심리와 물리의 경계에서
그들의 유산은 영원히
우리의 삶을 비추리라

티베트 불교에서는
죽는 순간 어떤 마음을 먹느냐에 따라
그의 내세가 결정된다고 했는데
두 분은 어떤 마음을 먹었을까?
누가 더 웃었을까?

입국심사

미국에 들어갈 때
입국심사에 걸려
고국으로 되돌아가는 사람들이 있는데(출국 조치)
그 첫째가
거짓말 때문이라네
Why, purpose
Where, stay
How long, stay
When go back
체류 목적(공부. 어학연수. 여행)
장소, 기간(ESTA 전자여행 허가증. 전자비자 90일)
외환 보유 신고(1만 달러 이상) 등

입국의 문이 열릴까
혹은 되돌림의 길이냐
거짓말이 부르는 그 심판
진실이 묻히는 어둠 속

하늘나라, 그 곳에 들어갈 때도
숨겨진 진실, 드러나지 않길 바라지만
천국으로 가는 입국심사 거절의 첫 번째도
거짓말 아닐까?

솔직(率直)하라, 핑계

검은 실타래(玄)를 잡아당기면(十)
주변에 부스러기들이(二二) 떨어진다(率)
하지만 그 안에 숨어있는 진실을
찾아가는 것이 길이라면
어떤 장애물도 넘어서야 한다

거느린다는 뜻, 그 率(거느릴 솔)속에서
비율(比率)을 맞추며 우두머리(統率)가 되어
흩어진 실을 다시 묶을 힘을
우리 모두가 가져야 한다

세로 획(丨), ㄴ(彳의 변형),
目이 모여 직선(直 곧을 직)의 진리를 따라
모든 것이 바르고 곧게 나아가는
꾸밈없는, 숨김없는
솔직한 정치가 그리워진다

핑계와 변명(辨明)은 멀리 두고
率直하게 진심을 말하는 것이
길을 여는 열쇠가 되리라

예수님의 한 마디 처방, ‘걸어라’

예수님의 한 마디 처방, ‘걸어라’
앉은 자에게도, 쉬지 않고 말했지
일어나 걸으라, 두 발로 딛고 서라

치매로부터 멀어지고 싶다면
걷고, 걸어야 하네, 천천히 라도 좋으니
하루를 쌓고 밤마다 쉼을 가져야 하네

사람을 만나고 그리워하고
손을 맞잡으며 온기를 나누라네
난청이 오면 보청기로 귀를 돋우며, 멀어지지 말라네

세상의 소리들, 소중한 이름들
걸음과 쉼, 연결된 손
우리의 삶

치매(癡呆)환자들
癡(어리석을 치)
予(나 여)
발(足. 疋)을 찌르는 것이
비수(匕)인지, 화살(矢)인지
장식이 달린 창(予)인지 의심스러워(疑)하는 어리석은 자의 병(疒)

어리석게도 모르는 병

呆(어리석을 매)

나무 아래에서 입을 벌려야 떨어지는 과일을 먹을 수 있는데
나무 위에 있으니 어리석을 수밖에

*足(발 족)=口+止 말씀(口)대로 순종한다(止)
하나님의 말씀대로 순종하면(믿으면) 복을 받는다
*滿足은 머리에서 발끝까지 소원이 이루어진다
발등에 불이 떨어진 사람은 불만족
*하나님 뜻대로 하소서.
하나님이 만족하셔야지, 사람이 만족해서는 안된다
*命=口(하나님의 말씀)+令,   天命. 運命

*신성한 곳(시내 山)에서는 신발도 신지 말라 하셨다
한국이 미국보다 더 신성한 이유.
방에서 신발을 신지 않는다
*맨발로 걷기 - 신성한 곳을 걸으니 건강에 좋다

*足의 변형 疋(발 소, 짝 필)

*걷기 운동(유산소 운동 -걷기. 수영. 댄스. 자전거)과 함께하면 더 좋다
1)균형운동(한 발로 서기)
2)근력운동(스쿼트 squat)
3)유연성 운동(목 스트레칭. 어깨 돌리기)

*'걸어라'는 하나님의 처방료 -공짜는 없다
이집트 파라오 병사들이 뒤에서 추격해 오고,
앞에는 거대한 홍해가 가로막고 있을 때
모세가 애타게 神에게 도움을 청한다
그 때 神의 목소리가 들린다
"너는 어찌하여 나에게 부르짖느냐?.
네 지팡이를 들고 바다를 가르고 백성이 바다 가운데로 걸어가게 하라."

*마태복음 7장 :7~8절
구하라 그러면 너희에게 주실 것이요
찾으라 그러면 찾을 것이요
문을 두드리라 그러면 너희에게 열릴 것이라

인간들의 생각과 神의 생각은 다르다
神이 스스로 알아서 직접 바닷물을 가르면 될 텐데,
왜 굳이 모세에게 지팡이를 들라고 하는 걸까 하는 인간들의 생각과
아무런 노력도 하지 않고 행운이나 기적이 성취되기를 바라면 안된다
공짜는 없다(天地不仁)
공짜는 불행의 또 다른 이름일 뿐이다 라는
神의 생각과는 판이하게 다르다

*난치병으로 고생하는 임금님
유명하다는 여러 의사들이 다녀 갔지만 효과가 없었다
어느 시골 의사가 치료할 수 있다는 좋은 소식을 듣고
왕진을 부탁했는데 임금님이 직접 걸어서 오시라는
까다로운 요구 조건 때문에 할 수 없이 걸어서 갔더니
그 의사 왈, "이제 치료가 모두 끝났습니다. 안녕히 가십시오.
걷지 않아서 생긴 병입니다."

*걷지 않으면(정지하면), 腦(뇌. 머리)도 정지한다(치매 시작)
*달리다(소녀야) 굼(일어나라)
*걸을 때, 균형(均衡)감각이 부족하면 넘어진다
匀(고를 균)- 싸고 있는(勹) 물건을 둘(二)로 고루게 나누다
均(고를 균) -흙을 고루게 나누다. 均衡
衡(저울대 형, 가로 형) = 行(갈 행)+魚(변형)
-물고기처럼 왕복하는 것이 저울대
*仁(어질 인) - 사람은 두 사람(二)을 똑같이 어질게 대해줘야 한다

*균형 감각을 좋게 하는 운동
눈감고 한 다리로 서기
어렵지 않아요?
나무(木)가 두 다리로 서 있어야 짱짱하지요.

한 다리(才)로 서있기는 어렵지요
그래서 재주(재주 재 才)가 있어야 한다고 하지요.
으 하하하!

*徐動症(서동증), 徐徐히 걸으면 파킨슨병을 의심하라
親(친할 친, 어버이 친) -부모님이 나무위에 서서
사랑하는 자녀들이 오는 가 바라본다
余(나머지 여. 나 여)-나무위에 '나머지' 한(一)사람(人) 서서
여유를 부린다
-중국어 나를 뜻하는 1인칭 대명사와 발음이 같다고 '나'

餘(남을 여) -음식을 배불리 먹고 남을 정도(余), 餘白
徐(천천할 서) -여유(余)가 있어 천천히 가는 길(彳)
*파킨슨병 증상- 서동증. 후각 장애. 렘수면 행동장애
수면은 렘수면(얕은 잠. 20%)+비렘수면(깊은 잠. 3단계)이
90분씩 4~5회 반복한다
깊은 잠들기 전에 눈을 떤다(REM rapid eye movement)
이 때 꿈을 꾼다(렘 REM 수면=꿈 수면)
렘수면 행동장애 – 잠꼬대. 꿈을 행동으로 나타냄(몽유병)

*비몽사몽(非夢似夢)-꿈인지 생시인지 어렴풋한 상태
垂(드리울 수)-천(千)개의 풀잎(++)이 땅(土)에 내려온다
睡(잠잘 수. 졸 수) -눈(目), 눈꺼풀이 아래로 내려온다
唾(침 타) -입(口)에서 침이 아래로 내려온다
似(같을 사)- 似而非(사이비). 類似(유사)
-사람들이 괭이 따위의 도구를 쓰는 모습은 서로 닮았다
以(써 이) -以心傳心. 以內
夢 -눈꺼풀(++)로 눈(目)을 덮고(冖) 저녁(夕)에 꾸는 것은 꿈

살 놈과 죽을 놈

일천(千)개의 입(口)을 모아
'할렐루야(주를 찬양하라)' 라고 한 마디 말하면(舌)
예수님은 우리의 천 냥 빚을 갚아주시고

예수님의 '살롬(평강)' 이라는 말 한 마디를
말씀(口)대로 순종하면(믿으면 止)
죽을 놈을 살 놈(살롬)으로 만들어 주시는
滿足(口+止)한 福을 주신다네

죽고 싶다고 불평했던 광야의
20세 이상 성인 160만 명은 죽을 놈이 되었고
살고 싶다는 여호수아, 갈렙 두 명은 살롬이 되었다
'죽고 싶다' 라고 하지 말고 '살고 싶다' 라고 하거라
살놈은 살롬이니까
할렐루야! 살롬!

딱 하나의 대답

그 많고 많은 神들 중 왜
머나먼 사막의 신을 섬기는가?
바람이 일어 모래를 날리고
별빛이 깨어나는 그 땅에서

예수님이 말씀하셨네
참 하나님은 야훼라 하시니
먼 이국땅의 거친 숨결 속에서도
단 하나의 빛이 되신다 하셨네

모래알처럼 수많은 신들 속에
길을 밝혀주시는 유일한 빛
그분의 이름, 그분의 숨결
야훼, 우리가 찾는 참 진리

*불행하게도, 유대인들은 예수를 메시아로 믿지 않는다
사람을 하나님의 아들로 믿는 것은 우상숭배라고

*구약 스가랴서에서, 선지자 스가랴가
새끼 나귀를 타고 오신 분이 평강의 왕이라고 예언 하신대로,
예수님은 새끼 나귀를 타고 유월절 예루살렘에 입성하셨다
백성들은 종려나무 가지를 흔들며 '호산나'를 외쳤다
*호산나 뜻- 1)여호와를 찬송하라, 2)여호와여 이제 구원하소서

*대나무(竹)로 대답(對答)하다
옛날 종이가 없을 때는
얇게 쪼갠 대나무(竹)를 합하여(合)
그 위에다 글자를 새겼다
*對(마주할 대, 대답할 대)= 丵 + 一 + 寸
무성하게 자란 풀처럼(丵)
많은 사람들이 한(一)자리에
모여 앉아 규칙(寸)에 따라 묻고 대답하다
*答(대답할 답)=竹+合

*對 와 業
북쪽(北)의 양(羊)처럼 선량한 사람(人)들이(業)
북쪽의 뿔 2개(丶丶)달린 王의 폭정(寸 법도)을 피해서
봄이 되어 풀(++)이 나면 먹을 것을(口) 찾아
북(北)에서 따뜻한(灬)남쪽으로 온 제비(燕)처럼
남쪽(南) 따뜻한 비단길(錦), 錦南路로 오세요

있고 없고

선비(士)가 있으면 팔 수 있는 지혜(賣 팔 매)
선비가 없으면 사기만(買 살 매) 하는 어리석음

입(口)이 있으면 명령하는 임금(君 임금 군)
입(口)이 없으면 말을 전달하는 벼슬(尹 다스릴 윤)에 그치네

눈이 있으면 하늘을 나는 새(鳥),
눈이 없으면 까마귀 오(烏)
눈알이 있으면 안(眼 눈 안)
눈알이 없으면(眠 잘 면) 깊은 잠에 빠지네

수건(巾)에 눈알이 없으면
장군의 깃발(帥 장수 수),
수건(巾)에 눈알이 있으면
스승(師 스승 사)의 가르침

절(寺)에도 判事가 있다

칼(刂)로 반반(半半)씩 두 토막으로 자를 때는
정확해야 한다(判 판단할 판=半+刂)
어느 한 쪽이 작다고 생각하면 불평이 생긴다

손(크)으로 높이(亠)든 깃발(中)이
전쟁터 언덕(阜) 위에서 흔들린다(事.일 사)
평화 속엔 청사의 문을 열고
한결같이(一) 손(크)에 붓(丨)을 들고 공정하게(中)
기록하며 법의 칼을 휘두르면서 백성을 품어주는 주인공이
檢事. 判事. 道知事이다(事. 中+亠+크)

옮고 그름의 판단은 半半(반 반)이다
어느 한 쪽으로 잘못 치우쳐
막다른데 이르러 어찌할 수 없게 된다
理判事判(이판사판)이다
정의의 상징인 判事가 事判이 되면 큰일이다
으 하하하!
절(寺)에도 판사(事判僧)가 있었네

*半=十 + 一 + 八, 81세(반수, 半壽)
華=6개 십+ 1개 일. 華甲(61세)
*절(寺)에도 판사(判事)가 있다 -事判(사판승)
*승려(중)의 종류 – 理判僧(참선 담당)+ 事判僧(잡역 담당)

불교를 억압했던 조선시대에 이판이나 사판이나 똑같은 천민 대접

*帥(장수 수. 거느릴 솔)
언덕(𠂤)을 빙 둘러 깃발(巾)이 서 있고(帥)
그 깃발이 흔들리는 곳에
모두가 따르는 將帥(장수. 통솔자)가 있다

*師(스승 사)
제자들 빙 둘러앉아있는 언덕(𠂤)에
한(一) 알의 지식에서 백 가지 열매가 맺히고
삶의 길을 가리키는
깃발 하나(一) 서 있다
맛있는 음식을 차리는 요리사(料理師)처럼
지혜로 배를 채워주는 스승(教師. 醫師. 牧師)

*士(선비 사)
辯護士는 스승(師)이 아니고
하나(一)를 알려주면 열(十)을 아는 선비(士)이므로
논리의 칼끝으로, 진실의 힘으로
물건을 팔 때도 선비가 필요하듯(賣)
법을 모르는 어려운 사람을 도와준다

*醫師(doctor)는 가르치다는 뜻의
라틴어 도케레(docere)가 어원이므로
의사들은 환자들에게 친절하게 가르쳐 주라는 뜻이 담겨있다
*巾, 帀(두를 잡) =깃발
*언덕(𠂤 작은 언덕 퇴)=阜(흙이 쌓여있는 큰 언덕 부)=阝(변형)
*半, 책상다리도 半이 최고다
半 跏趺坐像(반가부좌 사유상) -오른쪽 발을 왼쪽 무릎에 얹는 자세
跏(책상머리 가) - 발을 더하다. 겹치다
趺(책상머리 부)- 夫 노동하는 남자,
발에서 가장 노동을 많이 하는 부위, 발목
跏는 발 안쪽+ 趺는 발등
가부좌 - 인도의 전통요가에서 시작
몸을 안정시키고, 호흡과 명상을 용이하게 해준다
*思惟의 惟=心+隹, 마음속에서 생각이 새(隹)처럼 날아오르다

사랑을 주는 법

사랑을 주는 법, 그 모습이 다르다
예수님은 십자가像으로 시원스럽게 주시며
고통 속에서도 우리를 위해 犧牲(희생)하시네
그 사랑은 비통한 마음을 넘어서
우리를 품고, 구원의 빛을 비추신다

부처님은 미소로 사랑을 주시며
반가부좌 思惟像으로
세상의 아픔을 감싸시네
그 미소는 무한한 자비의 표현
우리에게 평안을 주는 은혜로 흐른다

각기 다른 방식으로, 각기 다른 길로
두 분은 사랑을 나누시지만
그 사랑은 끝없이 넓고 깊어
우리 마음속에 늘 살아 숨 쉰다

천국대학 입학 안내문

천국 갈 때 어느 대학을 지망하실 건가요?
요즘 가짜 대학 많습니다
반드시 예수님 대학교를 선택(選擇)하세요
등록금은 무료. 단, 믿음은 필수입니다
입학원서는 기도로 제출하세요

입학자격의 적정 나이는?
80세 이상입니다
왜냐고요?
葬送曲(장송곡)의 '보낼 송(送)'을 보세요
천국(天)에 가려면(辶) 80(八)세 이상 이지요

쌀밥은 언제까지 먹을 수 있나요?
88세 까지
왜?
쌀 미(米)를 보세요. 八十八이 쌀밥의 정년

천국의 공용어는?
영어 입니다
큰일 났는데, 영어 못하는데....
걱정 마세요
다리 아프면 뭐라고 하시죠?

아이고, 아이고(I go)

네, 맞습니다

I go, I go

발음 완벽하시네요. 이미 입학자격이 충분합니다

으 하하하!

*選(뽑을 선)-두 사람(巳巳) 함께(共) 갈(辶) 사람을 뽑는다
擇(가릴 택)-손(扌)으로 잡혀온 죄수(幸)를 눈(目)으로 감시하면서
'가리다. 구별하다. 선택하다'
*幸(다행 행) -辛라면처럼, 매운 맛(辛)을 한번(一) 맛봐야 깨달지요.
'다행' 이지요
-幸은 거꾸로 넘어져도(180도) 글자가 똑같아 다행이다
-원래는 형틀을 본 딴 글자
형틀만 피해도 행복하다는 뜻

茶飯事(다반사)와 喫茶去(끽다거)

중국의 당나라 조 주(778~897)스님은 늘 말씀하셨지
"차나 한 잔 들게나(喫茶)"
茶(차. 다)는 사람(人)이 먹는 나무(木)의 풀(艹),
속세의 약이라네
손님은 묻고, 스님은 다만 웃으셨네

끽다거(喫茶去),
일상적인 것으로 제자들을 깨우친 것이다
불교에서는 깨달음을 얻는 특별한 방법이 있는 것이 아니라
하루에 수차례 밥 먹고, 차 마시는 흔한 일처럼(다반사)
일상에서 얻을 수 있으므로, 모든 순간에
망상 망념을 씻고 청정한 우리 마음으로 돌아가라 하셨지
평상(平常心是道 만물일체)으로 돌아가라

茶는 (艹 20+八8+ 木, 八+十, 80) 108 이다
백팔번뇌(百八煩惱)를 다독이고
속세의 혼란을 씻어주는 물결, 마시는 치료약이다

스님의 말은 진리를 닮아 고요히 흐르고
차는 다만 차일 뿐, 그러나 깨달음이라

＊喫(먹을 끽. 마실 끽) -담뱃잎(丰)을 잘라(刀) 입(口)안에
넣고 씹는 사람(大)

＊喫煙(끽연). 滿喫(만끽)

＊潔(깨끗할 결) -풀(丰)을 베어서(刀) 실(糸)로 묶어
깨끗하게 물(氵)로 씻는다. 聖潔

십시일반(十匙一飯), 숟가락 꽃

밥 먹을 때 입에 들어가는 음식은
모두 생명을 앗아서 된 것들이다
음식이 되어 나를 향상 시켜준 생명들에게
더 좋은 곳에서
새로 시작하기를 바라는 마음이 필요하다

숟가락의 匙(숟가락 시)는
是(바르다. 옳을 시)+匕(죽은 이. 비수 비) 합성어로
죽어서 바르게 하다. 겨루다. 비교하다는 뜻이 있다
是(=日+正)는 태양(日)처럼
한 길을 가는 것은 옳은 일(正= 一 + 止)이라는 뜻이다

병원에서
匙鞘萬年青(시초만년청)이라는 식물을 키우고 있다
숟가락(匙)
통을 닮은
(鞘=革+肖. 가죽 革. 가죽으로 만든 칼집(통)도 칼을 닮았다.肖)
사철(萬年) 푸른(青) 식물로
숟가락 모양의 꽃이 핀다
이 꽃을 보면
열 사람이 한 순갈씩 보태면 한 사람 먹을 분량이 된다는
아름다운 글귀 十匙一飯(십시일반)이 떠오른다

귀(耳)가 2개인 이유

귀에 스미는 바람의 속삭임(청각)
눈보다 빠르고 섬세하게 마음을 스쳐가네
소리의 파동, 초당 이백(청각 정보)
우주의 비밀을 전하는 듯해

빛의 변화는 느리게 흐르고(시각정보 초당 20회)
그러나 음의 세계는 결코 고요하지 않네
청각은 잠 속에서도 날카롭게 깨어 있고
죽음의 문턱에서도 가장 늦게까지 여전히 남아

소리는 생명의 숨결
어둠 속에서도 여전히 노래해
청각(聽覺)의 감각, 오감(五感) 중에서 가장 민감한 것
우리를 감싸는 보이지 않는 힘

왜 귀는 2개일까?
두 개의 귀, 세 가지 이점
방향감각 키우는 쌍청각효과,
양쪽 정보 합산하는 加算(가산)효과,
회전. 기울기 조절하는 평형감각

소리의 위치를 파악하는 것은 생존과 직결

한 귀로 들으면 강약만 파악할 뿐 방향을 찾기가 어렵지
그래서 입체음향(쌍聽覺 작용)이 나를 지키네

귀는 입이나 눈과 달리 닫을 수 없는 마음의 창
달콤한 말과 쓴소리, 모두 들으며 균형을 이루고
진실의 소리를 귀 기울여야 해

삶의 음악은 화음으로 만들어
어둠 속에서도 빛을 찾아내고
두 개의 귀가 나를 이끈 길
소리 속에서 나는 존재하리

3차 신경통

전기의 번뜩임
귀 언저리에 날아든 고통
칼끝이 스치는 듯, 송곳이 파고들 듯
숨조차 쉴 틈 없는
3초, 5초
순간의 아픔이 영원처럼 반복된다

아무런 예고도 없이 찾아오는
전율이 타고 흐르는 얼굴 위로
고요 속에 번개처럼 내리친다
이내 사라지지만
다시금 밀려올 그 순간을
피할 길 없이 기다려야한다

50세 이상의 여성에서 나타나는
이러한 증상을
삼차신경통이라 한다네

교(pons)의 외측부 출신인
다섯 번째 뇌신경은 12개 신경 중에 가장 뚱뚱하고,
눈. 광대뼈. 턱 주변 등 감각섬유와
씹는 근육(저작근)의 운동기능을 담당하는 혼합신경으로

3차신경절에서 끝이 3갈래(三枝槍 삼지창)로 갈라진다
상안와열을 통해서 眼신경으로,
정원공을 통해서 상악 신경으로,
난원공을 통해서 하악(下顎)신경으로(가장 크다)
두 손이 깍지 낀(叉) 모습으로 갈라지는 모습이
삼지창 닮았다고 삼차신경이라 한다

삼지창은 불의 형상으로 태양신을 의미하므로
삼지창을 가진 자는 천손(天孫)의 징표이며
하늘과 교신할 수 있는
안테나 역할의 스마트폰을 가진 능력자로
나쁜 액을 공격한다는 의미 때문인지
포크, 이순신 장군 머리, 홍살문에 상징적으로 달려있다

12개 뇌신경중 天孫의 징표인 삼차신경이
깊고 날카로운 아픔
피할 수 없는
바람처럼 스며드는 찌릿찌릿한 아픔을 또 보낸다

호강시켜 준다고

내가 젊어 아내 처음 만나 약속한 말
순수 우리말 "호강시켜 준다"며 달콤한 약속을 했지
눈 호강, 귀 호강, 입 호강(경상도 사투리, 포시랍다)
모두 다 책임지겠다며 말이야
사탕발림을 했지

그러나 세월이 흐르고보니
호강 받은 건 아내가 아닌 나였음을 깨달았네
요리 잘하는 아내의 정성 가득한 밥상에 입 호강
함께 걷는 길에서 마음 호강
아내 따라간 교회에선 영혼까지 호강(평안. 평강. 평화)

아들딸 곁에서 따뜻한 사랑을 받고
아내의 미소로 삶은 늘 환해졌네
살짝 아내에게 물었지
"당신은 호강 받고 살았느냐?"
아내의 미소 속에 담긴 대답은
"미투"

그 순간 알았네
호강은 나만 받은 게 아니었다는 걸
서로가 서로에게 주고받은

소중한 호강의 시간들

그래
진정으로 호강 받은 사람은
나, 바로 나였네

*백년해로(百年偕老)-부부가 한평생 같이 살며 함께 늙는다
偕(함께 해)=人+比(견줄 비)+白(흰 백), 皆(모두 개)
-흰머리를 한 사람들이 서로 견주기 위해 모두 다 모인다

적자생존(適者生存)

서로 적자가 되어야 하는 이유는
손해를 보는 자가
진정 살아남는 법을 배우기 때문이지

부부란 서로를 채우고
또 비워주는 존재
주고받는 것만으로는
오래가지 못하거든

손해를 본다, 적자를 낸다,
그 순간에는 아프지만
그 손해 속에서 사랑은 자라나지

적자(손해)를 보며
서로의 빈틈을 채워가는 과정 속에서
부부는 더 단단해지고
그 속에서 진정한 적자생존이 이루어지는 법

손해 본다고 생각하는 순간
그때야말로
우리는 진정한 이익을 얻는 건지도 모르지

나이가 들수록 적자생존의 의미가 새롭게 다가오네요
왜냐면 인지 능력도 떨어지고, 기억력도 약해지니
연필로 직접 적어야 살 수 있으니까요

적자(적어야)생존
머릿속에 남기기 어려우니
손에 쥔 연필로, 종이에 남기며
살아가는 방식이 되죠
聰明不如鈍筆(총명불여둔필)
기억력은 좋은 머리보다 무딘 연필이 더 낫다

메모는 이제 생존의 도구
손해를 보는 것이 아니라
잊어버리지 않기 위한 작은 노력
적어두고 다시 기억하며
이렇게 하루하루를 살아가는 거죠

연필로 쓴 그 작은 글들이
우리의 기억을 지켜주는
생존 전략이 되는 시대라니
적자(적어야)생존
이 말도 정말로 새로운 의미를 품고 있네요

*錄(기록할 록. 새길 록)=金+彔(나무 깍다 록)
-쇠에 글을 새겨 보존한다
彔=크. 彑(돼지 머리 계)+水
돼지가 주둥이와 앞발로 나무를 긁거나 갉아먹어
수액이 나타남(나무 깍다. 나무껍질을 벗기다)

배고플 때

배고프면, 밥 생각이 난다
어려울 때, 창의력이 생긴다
어둠 속에서 빛을 찾고
고난이 꽃 피우는 창의의 씨앗
스페인 화가 고야가 46세 때 콜레라 후유증으로
청력을 잃고, 귀를 닫고 눈을 열어 그린
'옷 입은 마하, 옷 벗은 마화' 아름다운 명작이 나왔네

왼쪽 눈동자가 바깥쪽으로 몰리는 외사시(外斜視)인
렘브란트는 입체감을 살리려고 먼 곳은 어둡게,
가까운 곳은 밝게 그려 3차원 영상처럼
입체미가 뛰어난 작품을 만들었다네

절규를 그린 노르웨이 화가 뭉크는 망막질환,
인상파 창시자 모네는 중년 이후
백내장으로 색을 구별할 수 없어 붉은색을 과감히 표현,
르누아르는 관절의 아픔을 참고
생명의 순간을 화폭에 담았고,
이탈리아의 모딜리아니와 스페인의 엘 그레코는
난시 때문에 인물들을 기다랗게 묘사했다네

베토벤의 난청 속에서 태어난 음악의 천사

남이 듣지 못하는 천상의 소리로 하늘을 그리네

難讀症 속에서도 자유를 찾는
레오나르도 다빈치, 안데르센, 에디슨, 아인슈타인
글자에 갇히지 않는 그들
시공을 초월한 시각의 마법,

가난하고, 아프고, 학교를 다니지 못한 것이
성공의 원인이 되었다는 미스비시 회장

불이 쇠를 단련하고
역경이 우리를 강하게 만들 듯
강한 바람이 불어올 때
우리의 꿈은 더욱 찬란하게
세상을 향해 힘차게 나아가네

*dyslexia=dys(bad, abnormal, difficult, 나쁜, 아픈)
+ lexia (word. 말. 단어)
*讀(읽을 독)=言+賣(팔 매)
-물건을 팔아(賣) 돈을 센다(읽는다)

내 남편은 좌파(左派)

"내 남편은 좌파에요."
"왜?"
"왼쪽으로만 잠을 자니까."
"으 하하하!"

입과 위(胃)를 연결하는 25cm의 食道(식도)는
하나님의 훌륭한 작품이다
누운 상태이거나
물구나무을 서거나
무중력에서도
식도근육의 연동운동으로
위(胃. 밥통)까지 내려가서
식도하부에서 음식물이 나오지 못하도록
혀(舌)를 손(扌)으로 묶듯이(括)
괄약근(括約筋), 횡경막, 횡경막 인대가 서로 힘을 모아
꽁꽁 묶어버린다
일방통행이다

단, 밤에 과식하거나
비만, 노령이 되면
이러한 기능이 저하되어
위의 강력한 산성 물질이 식도로 역류되어

식도하부에 염증을 일으킨다(역류성 식도염)

이때 치료방법이 좌편으로 누우면
해부학적으로 위장(胃臟)의 내용물이
식도로 역류하는 것을
막아주지 않을까하는 생각때문에
좌편으로 잠을 잔다네

그럼, 역류성 식도염 환자들은 우파네
으 하하하!

*約(맺을 약, 약속 약)=糸+勺(人의 변형)
-사람의 팔다리를 새끼줄로 묶는다
-約婚(약혼), 節約(절약)
*燒灼(소작.cauterization)의 灼(사람의 팔다리를 불로 묶는다. 지진다)
*括(묶을 괄)=扌+舌, 손으로 혀를 묶는다

*침묵이 金이니까
혀(舌)를 손(扌)으로 묶어라(括)
만약, 묶지 않고 括約筋이 풀리면
역류성 식도염, 뇨실금(尿失禁)이라는 벌금형에
처하게 된단다
*뇨실금 - 오줌이 뜻하지 아니하게, 자신의 의지와 상관없이,
소변(尿)을 금(禁)하지 못하고
저절로 나오는(失) 증상
*禁(금할 금) -神(示)을 모시는 숲 속은 접근을 '금하다'
*失(잃을 실)=人+大. 사람이 커지니 '잃어버린다'

암

뇌종양(머리 암)은 고집이 세서
轉移(전이)조차 없다고 하네
지방으로 가기를 싫어하니
마치 그 자리에 뿌리내린 듯

그러나 폐암은 다르지
서울을 좋아하는 떠돌이처럼
전이를 멈추지 않네

지방에서 시작된 그놈이
서울(머리)로 기어히 옮겨가려하네(전이)
죽음을 부르건만
그저 멈추지 않고
마치 운명을 다 아는 듯이

아프리카 흑인들이 노예가 된 이유

2024년 8월
너무 덥다
정신이 없다
머리 위로 불덩이가 둥둥 떠다니는 듯
몽롱함이 몸을 휘감네

정신이 없는 나날
흑인들이 잡혀간 이유가 문득 이해되네

그들은 뜨거운 대지 위
정신을 잃을 정도의 땡볕 아래서
서양인들의 총과 칼 앞에서
정신없이 끌려 갔겠지
아프리카 흑인들이 쉽게 잡혀간 이유가 이해된다

온 몸이 타들어가는 듯한 더위에
저항할 힘마저 녹아버린 그 순간들

힘없는 자의 몽롱함을
서양의 차가운 총칼은
잔인하게 파고들었겠지

나의 혼미함 속에서
그들의 절망을 아득히 떠올려 본다

열 개를 먹으면

우리 몸은 열 개를 먹으면
6개는 일이 끝난 밤중에
심장 펌프를 가동하고,
콩팥은 배설물을 제거하는데 사용하지
1개는 소화. 흡수. 저장 하는데 사용
3개는 일어나 앉고 활동하는 일에 쓰인다

잠 못 이루면
손상된 세포와 면역계는 회복하기가 어렵게 무너지고
기근으로 받아들여 지방을 저장하고
근육을 덜어 지방 만드는데 사용하므로
근육 손실이 더 커진다

다이어트의 꿈은 사라지고
누가 잠을 원하지 않겠나?
잠이 안 오니까 그렇지
환자들의 불평에 의사들은
緘口開耳(함구개이). 실(糸)로 입을 봉하고 듣기만 하고
고개를 숙이네

기도와 금식 속에서
성령의 소리는 묵묵하니

고요한 밤
내일의 빛을 기다리는
열 개의 꿈이
여전히 내게 속삭이네

한 공기 반

밥이 天心인 시절
흰 쌀밥에 고기반찬이 최고

30년(1993) 전,
연간 쌀 소비량, 110. 2 킬로그램
이제는(2023년)
56. 4 킬로그램(쌀 한가마니 80Kg)으로 줄어들었네

1인당 하루에 소비하는 쌀, 한 공기 반(155g)
그 기억이 점점 희미해져
면과 빵, 샐러드에 입맛이 바뀌었으니
남아도는 쌀, 정부의 창고에 쌓이고
1조 원의 무게로 안전하게 보관되네

초밥 위에 놓인, 320개의 밥알
120그램 속에 담긴, 6000개의 소중한 이야기

밥 한 공기
추억의 맛이여
그 속에 담긴 삶의 무게
그리움이 가득하네

*초밥 밥알이 몇 개고?
320알(일본은 435알. 무게는 20g)
*밥 한 공기의 무게는 대략 120g
*10g에 쌀알은 500개
*120g이면 6000개(알. 톨)

*쌀 한 톨 깎고 깎아
한 잔의 예'술'이 되다

온전(穩全)한 은퇴(隱退)

온전(穩全)히, 곡식(禾)의 손길로
양손(爪 ヨ)에 담아 조심스레
당기고 쥐며(工), 정성으로
하나하나, 마음(心)을 다해(穩=禾+爪+工+ヨ+心)

벼의 향기, 삶의 여유
평온(平穩)한 마음, 그 속에 담아
언덕(阝)의 전원, 숨겨진 곳
은퇴의 꿈, 그곳에 피어나

햇살 아래, 바람에 실려
조용히 흐르는 시간 속에
자연과 함께, 소박한 삶
온전히 다루며, 행복을 느껴

이제는 곡식(禾)과 함께하며
마음의 평화, 그리운 언덕(阝)
평온(平穩)하게 숨어 사는 은퇴(隱)의 소중한 순간
온전히(穩), 삶을 노래하리

*온전히 –본바탕 그대로 고스란히
*穩(禾+爪+工+ヨ+心. 평온할 온, 곡식을 걷어 모을 온)
隱(숨을 은. 비밀로 할 은. 가릴 은)
隱退 -삼가는 마음으로 숨다
*삼가다(표준어), 삼가하다(비표준어)
낙서. 음주운전을 삼가 주세요(0)
낙서. 음주 운전을 삼가해 주세요(x)
*삼가 –겸손하고 조심하는 마음가짐을 나타내는 순수 우리말

콜레스테롤이 낮아지면

콜레스테롤은 흐르는 강처럼
면역의 방패를 이룬다
강이 마르면(면역력이 저하되면) 병마가 몰려와
감기. 독감. 폐렴에 쉽게 걸릴 수 있고
암에 걸릴 그림자도 길어진다

낮아진 강물 속에
기운은 잃고, 의욕은 사라지며
근력은 풀리는 나무처럼 흔들린다
감정의 바람은 방향을 잃고
마음은 흔들려 정처 없이 떠다니니라

남성 호르몬의 강이 흐르지 않으면
심신은 이내 지쳐버리고
건강은 바람결에 흩날리는 기운이나
의욕이 사라지고
근력이 저하되고 감정이 불안정되어
심신의 건강유지가 어려워진다

콜레스테롤을 많이 복용하면
근육통, 간염, 당뇨가 생길 수도 있다네

*콜레스테롤은 남성호르몬의 주원료이다
*남성호르몬으로 치료하면 - 근육 량 증가, 콜레스테롤 감소
골밀도, 성욕 개선
*남성호르몬 치료 부작용 - 적혈구 증가-혈액점성 높아짐(혈류 정체)-
-혈소판 활성 - 혈전 발생

하얀 고체 덩어리, 콜레스테롤

콜레스테롤(脂質)은
세포막을 구성,
비타민 D, 담즙산 등을 만들고
스테로이드 호르몬과
남성. 여성 호르몬을 만드는 지방의 일종이다

'콜레스테롤(cholesterol)'이라는 이름은
chole(담즙)에서 하얀 고체(stereos) 덩어리가
처음 발견되었다고 붙은 이름이다
그냥 '하얀 돌덩어리' 라고 했으면 좋을텐데,
너무 어렵고, 헷갈리지 않아요?
으 하하하!

콜레스테롤은
스테로이드(sterol+ oid)를 분비해서
세포들 간에 신호를 주고받으며
항염 효과와 면력력이 생겨
생명체의 기관과 조직이 잘 돌아가게 하는데,

식습관(高 콜레스테롤 음식), 운동부족, 유전적인 요인에 의해서
콜레스테롤 수치가 너무 상승하면
물에 녹지 않는 하얀 돌덩어리(콜레스테롤)가

몸에 쌓여 붓거나, 피가 막히는 병(病)을 일으킨다
과유불급(過猶不及)이네

*콜레스테롤 종류
1)혈관 벽에 쌓여 동맥경화를 일으키는
나쁜 '저밀도 지단백질(LDL)'
2)혈관에 쌓인 LDL을 제거하는
좋은 '고밀도 지단백질(HDL)'

*지질(脂質) 역할 – 1)에너지 저장, 2)신호전달, 3)세포막 구성
*지질(lipid) 종류 – 1)세포막을 구성하는 '인지질'
2)체지방을 구성하는 '중성지방'

*스테로이드에 수산화기(-OH) 하나가 붙으면
스테로이드 알코올이 된다(줄임말 스테롤 sterol)
올(~OH)이 들어가면 술이라 하지만, 이건 술이 아니다
*동물에서 발견되는 콜레스테롤과
동식물 모두에서 발견되는 스테롤은
유사한 구조와 기능을 가지지만,
출처와 그 효능이 약간 다르다

내(己. 自)가 하기 싫은 일,
남(他. 於人)에게 시키지 말라

공자님 왈,
己所不欲(기소불욕)勿施於人(물시어인)
자기(己)가 바라지 않는(不欲) 바(所),
남에게(於人) 가하지(施) 말라(勿)
자신의 마음을 들여다 보면
타인의 아픔을 느낄 수 있네

예수님(마태복음) 왈,
너희는 남에게 바라는 대로 해주어라
易地思之
사랑의 손길로 서로를 감싸
세상에 온기를 전해라
성령의 마지막 열매가 '절제'란 이유 알겠지?

작은 배려가 큰 울림 되어
희망의 씨앗이 피어나네
서로의 마음에 다가서면
인류의 길은 더욱 밝아지리

*자기 기. 바 소. 아닐 불. 하고자할 욕

매일 목욕(沐浴)하는 이유

나무(木)에 물(氵)을 뿌린다
먼지를 털어낸다
물(氵)흐르는 계곡(谷)에서 沐浴하면서 땀을 씻어낸다
동시에
慾心의 바라는 마음(心)과 欠을 씻는다(浴)

바다(깊은 계곡 골짜기)는 메워도
사람의 慾心은 못 채운다는 욕심을
知足者富(지족자부)로 씻는다

기독교의 제사장들은 지성소에 들어갈 때
죄의 허물을 씻기 위해서 손발을 씻고 들어간다
예수님은 제자들과 최후의 만찬을 하시면서
제자들의 발을 씻어 주셨다
죄의 허물을 씻어줌과 동시에 겸손 하라고

*欲(바랄 욕, 하고자할 욕)=谷(골 곡)+欠(하품 흠)
-계곡에서 흘러나오는 물을 입을 벌려(欠) 마시는 모습

*自利利他(자리이타) 자 리리 타=닐리리아
利(이로울 리)=禾+刂
-벼(禾)를 자르는 칼(刂)
벼를 수확하면 이익이 된다. 勝利. 有利

*彗(빗자루 혜)

丰丰 + ⺕ -풀을 손으로 엮으니 '빗자루'

*慧(슬기로울 혜)

-마음을 빗자루로 쓸어내니, 밝다. 슬기롭다

공자님의 恕, 용서(容恕)의 길

慾心을 버리려면 물에 몸을 씻으면(沐浴) 그만이지만
容恕의 길은 다른 사람의 마음을 품어야만 한다

계곡(谷)의 우리 집(宀)
아내, 남편, 자식, 부모, 형제의
서로를 똑같이(如) 품어주는 따뜻한 얼굴(容)들이
고단한 몸과 마음을 달래준다
이것이 용서의 기본이다
용서하는 마음(心), 용서 받는 마음(心)
서로의 마음(心)이
같은(如) 곳에 닿을 때
진정한 용서(恕)가 이루어진다

*恕(용서할 서), 容(얼굴 용), 慾(욕심 욕), 浴(목욕할 욕)
*공자의 평생 좌우명(恕)= 기독교(愛)= 불교(慈)

*하나님은 항상 용서해 주신다(You are welcome)

*慈悲(사랑할 자, 슬플 비)
-사랑하고 가엾게 여겨라(베풀어라),
-죄를 지은 자가 용서를 구할 때 쓰는 말
慈=玆(무성할 자 艹 + 幺幺) + 心
-풀초+ 작을 요 2개 – 작은데 까지 마음을 쓰는 사랑
-非(아닐 비) -날개가 서로 등져, 어긋난
-悲 :어긋난 마음, 슬퍼하는 마음

디컨(deacon. 執事집사. 종. 시중드는 자. 보조자)

교회에서 하나님 말씀(케리그마)을 듣고
하나님과 성도들이 함께 교제(코이노니아)하고
그 기쁨(헬라어 카라= 은혜= 성령)으로
교회. 목사를 위해서가 아니라
주유소처럼 주유(말씀) 후에는 교회 밖으로 나가서
정치인. 선생. 백정. 대장쟁이 등
직업. 학력 상관없이
만인 제사장 자격으로
다른 사람을 섬기는(디아코니아. 봉사. 섬김) 것이
기독교를 유지하는 3가지 요소라네

실패와 좌절, 이 길에서 낙오된 영혼들조차
세상적으로 치료할 수는 없지만
그리스도 안에서, 능력 주신 자 안에서는
새롭게 치료 받을 수 있다는 처방전을 전하라
그리하여 모두가 밝히 알고 따르게 하라
교회의 3가지 등불을 이웃에 알려라

*빌립보서 4:13
:내게 능력을 주시는 자 안에서 내가 모든 것을 할 수 있느니라
병원에서 치료할 수 없는 병은 교회에서 치료 될 수 있다
*deacon(디컨. 집사)의 어원 – 그리스어 diaconia 디아코니아(봉사. 섬김)

*집사(執事)-섬기는 일에 執着을 가장 잘 하는 사람이지만
多幸이 알(丸) 까는 동물이라,
젖을 먹이는 동물(포유류)과 달리 정은 필요 없겠네

*執(잡을 집. 떠맡다) -행복한(幸) 알(丸. 알 환)
着(붙을 착) -양(羊)들이 눈(目)으로 보면서 서로 붙어 떼를 이룬다

황성(荒城) 옛터

고려왕조의 개성
만월대(滿月臺)에 비친 달빛도 이제는 희미하네
풀(艹)이 없는(亡) 강(川)처럼, 황폐한 궁터(荒 거칠 황)
바람에 스며든 옛 노래가
폐허 위에 서린 회포를 일깨우네
내 귀(耳)가 그 노래에 머물러 있는 걸 보니
나 또한 황혼이 가까운 모양이구나

하나님 감사합니다
해가 진후에도, 햇빛을 주는 마지막 보너스
감사로 살겠습니다

＊황혼(黃昏)
昏(어두울 혼)=氏+日, 뿌리 아래 태양, 어둡다
婚(혼인할 혼)-어두울 때 여자를 맞이하는 婚姻 혼인(結婚)
박명(薄明 Twilight) twi(2)+light(빛) 해와 달이 공존하는 시점
해가 뜨기 전, 또는 해가 진 후 햇빛이 엷게 보이는 것
아침 박명- 여명(黎明 down)
저녁 박명- 황혼(黃昏 dusk)
薄(엷을 박)-풀(艹)이 물(氵)에 넓게 펴지면(尃) 넓어진다
甫(클 보) -점(丶)부터 열(十)까지 쓰이는 정도가 크다
尃(펼 부) -손(寸)으로 크게 펴다
博(넓을 박) -열 가지(十)로 넓게 펴다

*회포(懷抱)-마음속에 품은 생각이나 정
褱(그리워할 회)-흐르는 눈물(目+水=二)을 옷(衣)으로 닦다

*黎(검을 려, 동틀 려)=黍(기장 서)+勹(刀의 변형)
黍 - 고대 중국 최초의 곡식, 벼(禾) 이전
黎 - 해가 떠오를 때(동틀 무렵)
벼(禾)농사를 짓기 위해
사람(人)이 물가에서(水) 쟁기질(刀. 勹)을 하는 모습
*季(철 계) -벼농사가 끝나면 마지막에 아이들이(子)
이삭을 주으니 "끝. 철"

콩팥의 실로 만든 공(絲球體)과 달걀흰자(albumen)

콩팥의 실로 엮인 작은 공(사구체)이여
피 속에 흐르는 달걀흰자(albumen)라는 뜻의
단백질 알부민(albumin)의 잔잔한 파동
단맛에 잠식된 피(당뇨병)는 고요한 물살을 일으키고
사구체의 여과율은 점차 빛을 잃어가네

제2형 당뇨의 고된 길, 그 끝에서
심장과 혈관마저 노쇠해지네
알부민의 그림자가 짙어지고
숨결마저 흐려지는 저 어두운 강변에
사구체 여과율은 감소하고, 알부민뇨 수치는 증가해서
사망률은 그저 네 배, 더 없이 무겁게 다가와

하늘 위, 별빛이 흐릿해질 즈음
우리는 이 여정의 끝에서
흐르는 생의 여과를 되짚네

*당뇨병환자는 1년에 한 번
사구체여과율(신장이 1분 동안 깨끗하게 걸러주는 혈액의 양),
알부민 검사(신장에서 걸러지지 않고 소변을 통해
체외로 배출되는 알부민)를 받아야 한다

*사구체(glomerulus)란 신장을 구성하는 가장 기본단위로
모세혈관의 덩어리이며 콩팥 겉질부에 실로 만든
공(球)모양을 이룬 작은 조직체로
혈액 속의 노폐물을 걸러주는 역할을 한다

*알부민은 肝(간)에서만 합성
환자의 영양상태를 반영하는 단백질을 측정하는 주요한 지표
알부민이라는 단백질은 혈관 속에 체액이 머물게 해서
삼투압을 유지
만약 농도가 낮아지면
혈관 밖으로 체액이 빠져나가
혈액량이 줄어 혈압이 떨어지고,
어지럼증, 부종, 복수 등이 발생

*알부민 - 노폐물 배출, 부종을 조절하는 단백질

*당뇨병 콩팥병 - 당뇨병 때, 축적된 대사산물이 콩팥에
염증. 섬유화를 일으킨 병

-치료약 : 피네레온(카레디아 정)-단백뇨80% 이상 감소

-진단 1)알부민-크레아티닌 비율이 30mg/g 이상
2)사구체 여과율 60ml/분/1.73m2 미만

배고프다. 시장하다. 요기(療飢)하다

아픈 자의 마음에 횃불을 들고
그늘진 곳에 따스함을 비추네
고요한 눈물 속에서 희망을 찾고
환한 미소로 내일을 기다리라

병원의 하얀 벽은 차가워도
손길 하나로 온기가 피어오르고
서로의 아픔을 나누는 순간에
치료는 사랑으로 이어지네

병원에서는 아픈 사람들을 치료(治療)하고
식당에서는 배고픈 사람들을 치료(요기, 療飢)하네
배고픈 자의 꿈은 식탁에 놓여
다양한 맛 속에 기쁨이 춤추고
음식의 향기는 마음을 채워
요기(療飢)란 단순한 행복의 시작이네

횃불(僚)을 들고, 우리는 함께 나아가
아픔도 배고픔도 이겨내리라
희망의 빛으로 가득 채우며
서로의 삶에 따스함을 더하라

음식 배달 앱의 요기요 뜻은?
여기 here+음식(요기)인데,
요즈음 TV 홈쇼핑에서 보면
배고플 때 요기요가 아니라,
아플 때 요기요를 선전하는 쇼닥터가
너무 많은 것이 염려스럽네

*치료(治療. 병고칠 료)란 잘 다스려 낫게 하는 것이다
*尞(밝을 료)는 大+火+日+小
작은(小) 해(日)와 같은 큰불(횃불 僚)을 의미한다

*사람(人)이 횃불(僚)을 들고 앞에서 인도하고
사리에 밝으면(僚) 관료(官僚 벼슬아치)가 되고,
사람(人)이 밝고 좋으면 친구(同僚 동료)가 된다
僚(동료 료, 관리 료)
눈(目)이 번쩍 뜨인다(一目瞭然 일목요연) 할 때는
눈으로 밝게 본다는 瞭(밝을 료)가 등장한다

*飢餓(기아), 飢饉(기근)에 나오는
요기(療飢)의 飢(배고플 기)는 食과
작은 탁자를 의미하는 궤(几) 즉 밥이 적다는 뜻의
안석 궤(几)와의 합자이다

*醫師와 料理師
-병원에서는 아픈 사람을,
식당에서는 배고픈 사람을 치료한다

정신이 맛있다(delicious)

정신이 맛있다.
달콤한 그 맛에 味쳤다
미친 듯이 달려가는 정신의 길
황홀하고 황홀한 그 감각 속에
흔들리는 마음, 비정상적인 상태에 빠져든다

델리리움, 꿈과 현실의 경계를 넘나들며
밭고랑을 쟁기질하는 생각이
정상궤도를 벗어나 멀어져가고
그 속에서 나는 홀로 소곤거린다

두꺼비가 진로소주를 삼키며 속삭이고
간땡이가 부풀어 오른 간 옆에서
쓸개가 은밀히 말을 건네고
첨성대의 눈은 그 속에서 소곤거린다

짐을 메고 나아가는 담임선생의 목소리
치매의 환자처럼 섬망 속에서
헛소리처럼 부유하는 말들이
정신 속에서 소곤거리고, 나를 이끈다

정신이 맛있다, 그 달콤함 속에

그 모든 것이 비틀리며 흐르고
이 혼란스러운 아름다움에
나도 매혹되어, 그 맛에 빠져든다
섬망으로 말이 많아진다

*delicious(델리셔스)-맛있는, 맛 좋은, 달콤한
-de(분리. 제거. 떨어진)+lacere(유혹하다.유도하다)
-사람의 정신이 멀리(de-) 빠져나갈 정도로 아름답고,
황홀한 맛에 매혹된 상태
*delirium -섬망. 일시 정신착란. 헛소리)
-de+lira(밭고랑. 찡그리다)
-밭고랑 쟁기질이 정상궤도에서 이탈(de-)한 상태
비정상적인. 정신착란
*詹-살필 첨. 수다스러울 첨
소곤거릴 첨. 두꺼비 첨. 처마 첨
이를 첨(어떤 장소나 시간에 닿다. 돕기 위해 도달하다)
*膽-쓸개 담
-간에서 준비된 즙이 이르는 쓸개주머니
-膽=쓸개주머니(길이 7cm)=담낭=담=gall bladder
-옛날에는 膽에서 용기가 나온다고 생각
肝膽(간과 쓸개)이 서늘하다. 膽大하다. 大膽하다. 膽力
용기. 줏대가 없으면 '쓸개 빠진 놈' 이라 했다
*譫-헛소리 섬 -말(言)을 이르러 또 하니 헛소리(譫妄 섬망)
*譫妄(섬망)-알코올. 모르핀 중독. 급성전염병 등으로 인한 병증
*妄(허망할 망. 망령될 망)=亡+女
-모계사회에서는 여자가 제사를 주도
女 - 무릎 꿇고서 두 손 모아 기도하는 모습
-기도하는 사람의 염원이 없어져 버렸다. 허망하다. 망령되다
-虛妄. 老妄
*亡 도망간다. 속다 亡=ㄴ+入
-으슥한 데로 숨어(ㄴ) 들어간다(入) 도망가다
-亠(사람) + ㄴ(영구히 묻힌다)

*蟾(두꺼비 섬) -주위를 살피며 사는 벌레. 두꺼비
-蟾津江(섬진강) 두꺼비 나루
-진로 소주 마스코트 – 두꺼비 –재물과 행운의 상징
-두꺼비 같은 아이를 낳아 달라는 덕담
*瞻(처다 볼 첨) -눈으로 살피다 쳐다보다. 瞻星臺(첨성대)

*詹 친구들
몸(月)에서는 담(膽)이 없으면 쓸개 빠진 놈이라고 소곤거리고
섬진강(蟾津江)에서는 두꺼비(虫)같은 아이 낳아달라고 소곤거리고
첨성대(瞻星臺)에서는 눈(目)이 별을 보고 소곤거리고
병원에서는 환자들이 섬망(譫妄)으로 소곤거리고
담임(擔任)선생님은 말보다는 행동하는 손(扌)이 최고라고 소곤거리네
*擔(멜 담)-짐이나 가방 따위를 손으로 메다
*任(맡길 임)-옷은 베틀(壬)을 잘 짜는 사람(人)에게 맡겨야 한다

오늘도 나의 精神은 잠시 외출 중

정신은 외출을 좋아한다
몸을 떠나 산책을 떠난다
명상. 공상, 허울뿐인 핑계
나이가 들어도 정신은 젊은 그대로이므로
몸과 정신은 호흡이 맞지 않는다

정신이 외출한 채
잠시 돌아오지 않으면
그건 精神分裂症(정신분열증)이라 부르고
영영 돌아오지 않으면
그게 癡呆(치매)다

어린애들은 엄마의 향수를 싫어한다
외출하니까
嗅覺(후각)이 외출을 탐지하는 최고의 감각이라
정신이 외출한지를 후각이 모르면
치매가 왔다고 생각한다

향기. 기억. 정신 그리고 몸
모두 호흡이 맞아야 한다
외출한 정신, 그리운 향기
그 모든 것들이 돌아오길 바라며

오늘도 나의 정신은 잠시 외출 중

*角者無齒(각자무치)-뿔난 짐승은 예리한 이빨이 없다
　　한 사람이 여러 가지 복을 다 누리기는 어렵다
*노인들이 뿔난 이유
　이빨이 없으니까
　으 하하하! 핑겟거리가 없군요
*핑계. 핑겟거리 – 우리말

담수(淡水)

불(炎)로 끓인(태운) 물(氵)을 淡水라 한다(淡)
불(火)맛을 본 물(氵)은 아무런 맛이 없어지고 담백해진다

중국의 내륙에서는 탈이 나지 않기 위해
물을 끓여서 불순물을 가라앉혀 맑아진 물을 만들어 먹는다

炎은 불이 너무 많아(火火) '많다'는 의미도 있어
물이 많아지면(淡 묽을 담) 짠맛이 없어진다는 뜻도 있다

맑다 열다 맛이 없다는 뜻의 淡水(물 맑을 담. fresh water)는
단물. 민물로 강이나 호수와 같이 염분이 없는 물로
소금물(鹽水 염수)이 반의어이다

시원한 담수의 노래
자연의 선물 그 자체
짠맛, 염분 없는 순수함, 단맛의 깊이를 느끼며
우린 삶을 마신다

* 炎(불꽃 염) -타다. 열기가 심하다. 열이나 통증이 있는 병
痰(가래 담) -목구멍에 염증과 가래가 생긴다
十病九痰 -10가지 병에서 9가지는 담이 원인

단맛을 내는 것은 무수히 많지만,
짠맛을 내는 것은 소금 뿐이다

단맛은 세상에 무수히 흩어져
입안에 가득 피어나는 꽃처럼
수많은 것들이 달콤함을 속삭이지만
짠맛을 내는 것은 오직 하나
바다의 눈물, 소금뿐이다

성경에서는 "소금과 빛이 되라"고 했지만
소금족(할로겐족)은 절대로 하나 되지 않는다
유대와 사마리아, 갈릴리의 그 벽처럼
앙숙인 민족들, 서로 섞이지 않는다
같은 유대인이지만 할로겐족처럼 다가서지도 않고
혼자만의 거리를 지킨다

우리는 공기의 고마움을 잊고
숨 쉬는 순간을 당연히 여기듯
사랑도, 가까이 있으면 모르는 법

하지만 사랑은 공기처럼
우리가 살아가는 이유라는 것을
소금의 짠맛이 진하게 알려주길 바라네

*鹽소금 염. 속자 塩 갯벌(皿)의 흙(土)에서
인부(人)가 사각 결정(口)의 소금을 모은다
신하(臣+人)처럼 엎드려(臥) 접시(皿) 위 소금을 감시한다
監(볼 감)-신하가 엎드려(臥) 접시 위 먼지(丶)를 감시한다
鹽=소금 로 鹵+그릇 명 皿

할로겐족(17족 －1. 7A족)-플루오린(F), 염소(Cl) 플염소

생명체 사슬
-쿼크-양자.중성자-원자핵.전자-원자-분자-세포-생명체
할로겐족-금속원소와 염을 만들기 때문에 '조염 염소' 라고도 함
hals=salt+gen(만든다)
5종 －1)플로린(불소. F),
철광석에 불소가 들어있는 '螢石(형석)'을 넣으면
녹는점이 낮아져 철이 쉽게 흐른다(flow), 이처럼
금속을 녹아 흐르게 한다고 플로린
*류마티스의 류마: 염증이 온몸으로 흐른다
*당뇨병= diabetes 흐른다 + mellitus 달다
2)클로린(염소Cl. 녹황색 기체라고),
-염소가 없으면 소화를 시킬 수 없다
3)브로민(Br. 악취가 난다고),
4)요오드(아이오딘. I. 제비꽃 색깔이라고),
5)아스타틴(At. 불안정 하다고)
원자상태에서는 무색
분자상태에서는 담황색 플로린(기체), 황록색 클로린(기체),
적갈색 브로민(액체), 보라색 아이오딘(고체)
검은색 고체 아스타틴

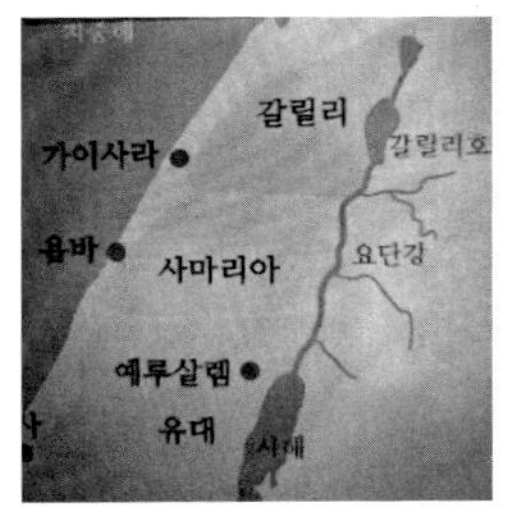

갑상선암을 예방하려고 요오드를 먹는 이유

갑상선은 불소나 방사선에 노출된 요오드를
정상 요오드로 착각해서 흡수하므로
정상 갑상선 호르몬을 만들 수 없어
여러 가지 질병을 일으킨다

특히 원자력 발전소 사고 때 생성된
방사선요오드는 갑상선 암을 일으킨다

할로겐족들(불소 염소 요오드)은 혼자 살기를 좋아한다
그래서 갑상선이라는 방에 먼저 정상 요오드가 들어 있으면
그 방은 이미 채워져
병적인 방사선 요오드가 들어갈 자리는 없네

미역국 한 그릇, 정상 요오드 한 점
그 방을 채우면
원자력 바람이 불어도, 갑상선은 군건히 서서
낯선 요오드를 막아내고
고요히 건강을 지키며
홀로 서있는 법을 지키네

*미역은 해조류(海藻類)이다
藻(마름 조) - 나무(木) 위에 새들이 ㅁㅁㅁ 지저긴다
저 물(氵)위에 떠있는 풀(艹), 미역을 먹고 싶다고

보라色 나비넥타이, 요오드(iodine 아이오딘)

집 안 보일러(갑상선), 조용히 따뜻함을 키우네
보랏빛 기름이 되어 돌고 도는 아이오딘의 손길
T4, T3 그 작은 불씨로 피어오르는 체온
하나둘씩 늘고 줄며 세상의 균형을 맞추려하네

너무 뜨거워지면(갑상선기능 항진증)
심장마저 두근거려
땀이 비 오듯 흐르고(발한),
밤마다 뒤척임에(초조감. 불면)
몸이 가벼워져(체중감소) 가네
이 기름이 사라지면(갑상선기능 저하증)
온기는 사그라 들고(저체온)
손끝에 부종과
묵직한 하루가 깃들러 쉬이 지쳐버리네(무기력. 변비)

몸 안의 불길을 이끄는 작은 보일러여
어둠속에서 은밀히 나를 태우는 아이오딘의 기도
저 체온의 등불을 다독이며, 오늘도 나를 지키네

* 체온유지와 에너지생산을 조절하는 갑상선은
  집안의 보일러이고, 그 보일러에 사용되는 기름이
  갑상선(thyroid) 호르몬이다

호르몬 색깔이 보라색(제비꽃. 짙은 파랑색 꽃)이라
아이오딘(요오드)이라 한다네

*갑상선호르몬에는 요오드 원소 4개를 가진 T4,
요오드 원소 3개를 가진 T3 두 종류가 있다
T3,T4 수치가 증가하면(갑상선기능 항진증)
T3,T4 수치가 저하하면(갑상선기능 저하증)

1)갑상선호르몬 재료이며
요오드가 부족하면 피 속의 요오드를 뽑아내려고
갑상선이 커지는 수도 있다
2)요오드를 많이 섭취하면(미역국을 많이 먹으면)
갑상선암 발생율이 커진다고 하지만
실제로 바다를 접하는 일본. 그리스의 경우는 정반대로 적다
3)항생제 없는 시대, 강력한 살균제(요오드 징끼)
-내성이 없고, 모든 미생물을 사멸
(여성방광염에 효과)
4)강력한 항산화제(피로회복. 부종에 효과)
-비타민 C처럼
5)암 예방 및 치료
갑상선암. 전립선암.
6)촉매역할(분비물 방출)
7)기초대사율 증가(미토콘드리아 활성화. 체온상승)
미역 - 체온상승 - 면역력 상승
8)할로겐족 원소 배설(독방주의)
9)중금속 배설(수은. 카드뮴)

김밥. 미역국을 먹을 때는 나비넥타이를 주의하라

바다 속 깊은 곳에서
다시마, 미역, 김이 자라네
그 속에 숨겨진 비밀
요오드의 농도, 넘쳐 흐른다

다시마 1365, 미역 116, 김은 38로
유럽 기준 20ppm을 넘어서니
TSH 수치를 높여 갑상선기능 저하증으로 다가와 간다
그러니 유럽에서 수입 금지 할 수밖에

과도한 요오드, 그 위험의 씨앗
갑상선의 기능을 떨어뜨려(저하증)
피로와 추위, 무거운 몸
그 모든 증상들이 서서히 찾아온다

바다의 선물, 하지만 경고도 담겨있다
중금속(비소. 납. 알미늄 등) 주의
요오드 과잉섭취 주의

우리는 균형을 지켜야 한다
하늘과 바다가 말하는 진리

과유불급(過猶不及), 조심하라 그 속삭임

*TSH thyroid stimulating hormone (갑상선 자극호르몬)
-뇌의 뇌하수체에서 분비
-TSH 수치가 높으면(요오드 섭취 과잉) - 갑상선기능저하증
낮으면 - 갑상선기능 항진증을 의심한다
*임산부가 미역국, 김밥 등 너무 많이 먹으면(요오드 과잉섭취)
특히 다시마를 많이 먹으면 갑상선 기능저하로
쉽게 피로하고, 추위를 탄다
어린이들이 김밥을 너무 오래 먹으면, 성장장애. 자폐증 주의

*과유불급(過猶不及) -과한 것은 모자란 것과 같다(같을 유)
猶(오히려 유, 원숭이 유, 망설일 유, 같을 유)
-술(酉)을 좋아하는 동물(犭)이 취해서
정신이 몽롱하니, 보이는 것마다 비슷하게(같을 유) 보인다
*수작(酬酌)-술잔을 서로 주고 받는다
酬 잔 돌릴 수. 갚을 수. 술 권할 수
-州 물줄기가 이어진다, 술자리가 이어진다는 뜻
酌 술을 국자(勺 구기 작)로 따를 작. 報酬(보수). 개수작
*갑상선(甲狀腺) -갑옷 모양의 샘(腺)
thyroid=thyr(그리스어 방패) + ~oid(~같은)

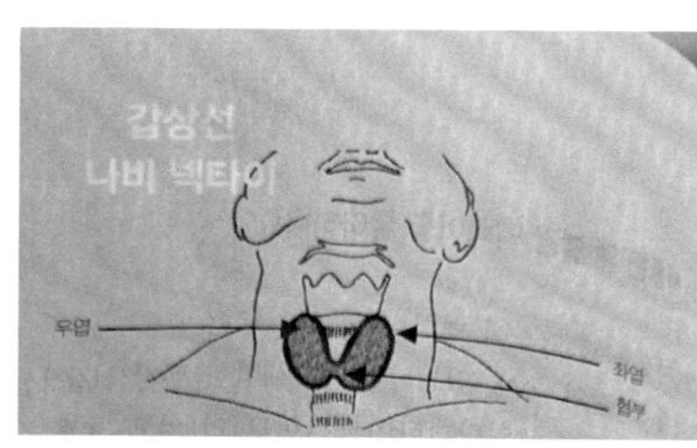

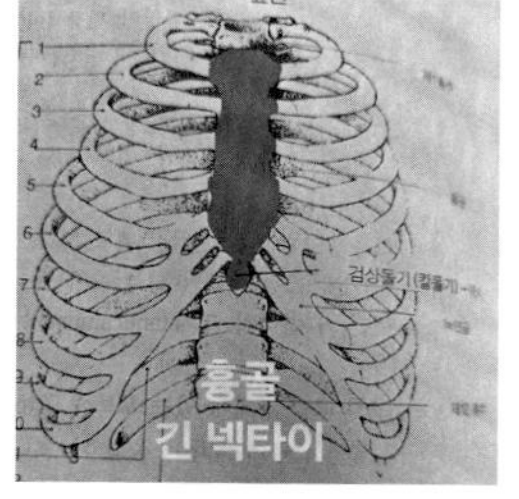

똥차가 지나가면 벤츠가 온다, 歲月

세월이 간다고 시원타거나, 섭섭해 말고
세월이 온다고 두려워하거나, 들뜨지 말라
세월은 하늘의 뜻
그 길을 따라 흘러가는 것이니

전쟁이 끊이지 않던 그 시절
평생을 전쟁터에서 보낸 이들
창(戈)을 들고 싸우며
두 발(止+止=步)로 전장을 누비며
그 기나긴 시간이
우리의 세월(歲=步 걸음 보 + 戌 개 술)이 되어

세상이 바뀌는 것은 많아도
끝내 바뀌지 않는 하나가 있으니
그 것은 시간의 흐름
세월의 발자취

歲月(세월)은 해와 달의 길
나이, 한평생을 품고 흐른다
세월 첫날은 '설'
세월 끝 날엔 '세밀. 세모. 설밑'
그 길을 걸으며 생각한다

세월 끝 날엔 세한도(歲寒圖) 그림처럼
푸르른 松柏(송백)이 아닌 잡목들이 나타난다
과유불급(過猶不及)의 猶, 술 먹고 취한 개처럼
둔갑(遁甲)술의 천재들이여
그 속에 숨은 진실을 보라

태풍이 바다를 정화하듯
2024년 말에서 2025년 초
우리나라를 휘몰아치는 광풍
어쩌면 좋은 일이 아닐까?
똥차가 지나가면 벤츠가 온다고
흐름 속에 숨은 좋은 변화를 믿는다

전쟁이 없는 시기에는 창(戈) 대신
애완견(戌. 술 개)과 함께 걷는(步) 것이
세월(歲月. 歲=戌+步)이니라
으 하하하!

*둔갑(遁甲)-전장에서 자신의 모습을 숨기거나(遁)
갑옷(甲. 보호막)을 다른 모습으로 보이게 한다
*遁=辶+盾. 달아날 둔, 숨을 둔
-방패(盾)로 가리고 숨다. 달아나다(辶)
盾(방패 순)= 干+目
-눈(目) 앞을 가리는(干) 방패
*循(돌 순) -방패를 들고 조금씩 걸어 다닌다(彳). 돌다. 좇다
-혈액순환(血液循環)
*矛盾(모순) -창과 방패
*애완견(愛玩犬)
玩(구경할 완, 희롱할 완, 놀 완)
-구슬처럼 으뜸(元)가는 것을 갖고 논다

*1년 표시법(4가지)

1)年(년)- 周 나라 -사람(人)의 음양은 어긋나서(舛) 간다고

2)祀(사)- 殷 나라 -祭祀(제사)를 좋아하는 나라

3)歲(세)- 夏 나라 -음력 9월(戌. 가을)에 추수가 끝나고,
한해 농사가 끝나는 때(止). 해가 걸어서(步) 술(戌)까지 왔다

4)載(실을 재)- 堯舜 시절 -창(戈)과 흙(土)을 싣고(농사나 전쟁의 시작),
수레(車)처럼 돈다고 . 千載一遇(천재일우) 천년세월

이스맨 이스, 고맨 고

모임이 길어질 때
있을(is) 사람(man)은 있고(is)
갈(go) 사람(man)은 가세요(go)

사람뿐만 아니라
모든 사물에도 고유의 성깔(성질)이 있으니
움직이거나 멈추려는 그 익숙함의 힘
변하지 않으려는 그 성정
관성(慣性의 법칙, 뉴턴)이라 불리우는 이 힘
외부의 손길 없이는 그대로 흐르지만
마찰력. 공기의 저항.
그리고 저 멀리 끌어당기는 중력이
그 힘을 누그러뜨리고 이끌어 간다

우리 마음속에도
익숙한 관성이 숨 쉬고 있다네
움직일지 멈출지
그 결정을 짓는 건 결국
스스로가 아닌 외부의 손길일까

그래서 떠나는 자는 떠나고
남는 자는 머물며 관성의 법칙아래 삶은 이어지리

*慣 버릇 관. 익숙한 관

물건은 고쳐 써도, 사람은 못 고쳐 쓴다

물건은 고쳐 써도, 사람은 못 고쳐 쓴다는 옛말
하지만, 과연 그 말이 옳은가?
관성의 법칙처럼, 마음도 고정될 수 있나?
외부에서 흐르는 신선한 바람, 뉴턴의 가속도 법칙처럼
우리를 변화 시킬 수는 없을까?

목사의 설교, 좋은 책
맹모삼천지교의 깊은 뜻
승려의 고요한 면벽수행처럼
끊임 없이 새로운 자극을 받으면
변할 수 있지 않을까?

습관을 바꾸려면 21일
그 이상이 지나면 몸에 새겨지니
66일의 시간 속에서
나는 달라질 수 있다
마음이, 몸이, 그리고 삶이

그러나 중요한 것은, 변화의 시작은 내 안에 있다
생각이 바뀌고, 행동이 바뀌어야
그때 비로서, 내가 내가 될 수 있다

외부의 바람을 맞으며
내안의 불씨를 키워간다
조금씩, 조금씩
새로운 내가 자라난다

사과가 땅에 떨어진 이유

사과가 땅에 떨어지고
사람이 지구 밖으로 튕기지 않고 땅에 붙어있는 이유는
누가 누구를 서로 끌어당기는
중력이 아니라(뉴턴의 만유인력)
물체가 만든 휘어진 시공간(왜곡. 곡률. 공간의 휘어짐)에
따라 생긴 중력 때문이다(아인슈타인)
큰 물체(태양) 주변을 작은 물체(지구)가 움직이는 것뿐이다
시공간은
먼저, 물질에게 어떻게 휘어지는 것을 알려주고,
다음, 물질에게 어떻게 움직여야 할지를 알려준다

오매!
아인슈타인 때문에 뉴턴 큰 일 났네

그래비티 라는 영화에서 우주미아가 된 주인공이
휘어진 대기권으로 진입해서 지구의 호수에 떨어지는
장면이 명장면이다(중력가속도가 9.8m/S2 : 9월8일 중력의 날)

*뉴턴 – 절대 시간, 절대 공간
아인슈타인 – 시간과 공간이 보는 사람에 따라
상대적으로 다르다(상대성 이론)
절대적이 아니다. 상대적이다

시간은 모두에게 동일하게 흐르지 않는다
움직이는 사람의 시간은 느리다
(정지해 있는 사람의 시간보다) 부모의 마음은 탄다
시공간의 곡율(왜곡)이 클수록, 중력이 강할수록
시간이 길어진다(늦어진다)

빛의 속도

빛의 속도는 1초에 3억 미터
그렇게 빠르게 달리면
시간은 멈추고, 순간은 영원으로 변해

永生, 별거 아니네
천국 가는 길에는 속도제한이 있지
1초에 3억 미터만 달려야 해
빛을 쫓아서, 시간을 넘어서
그 끝엔 영생의 문이 열리겠지

코뿔소와 아인슈타인

꼬리(尾)처럼 생긴 뿔이
머리에 있는 코뿔소(무소 서 犀 =꼬리 미尾 +牛)는
지독한 근시(近視)라 앞을 보기 힘들어
행동이 느리다네(遲刻 지각. 遲=辶쉬엄쉬엄 갈 착)
아인슈타인이 우주여행을 하고 지구로 돌아왔더니
딸이 할머니로 변해서 깜짝 놀랐다네
지표면에 발을 붙이고 사는 딸의 시계보다
인공위성에 살다온 아인스타인 시계가
코뿔소처럼 늦다는(遲刻 지각. 시간遲延. 시간 膨脹) 것이다
상황에 따라 시간이 다르게 흐른다
시간과 공간이 보는 사람에 따라 변한다(특수상대성이론)
뉴턴처럼 절대적이 아니다. 상대적이다

해외여행 자주 다니는 박 서방의
아내가 바싹 늙은 이유를 아인슈타인 덕분에 이제야 알겠네
만사가 귀찮다고 집안에만 있는 분들 주의하세요
으 하하하!

바쁠수록 돌아가라

바쁠수록 돌아가라던 말
속도의 법칙이 가르쳐준 진리
아인슈타인의 우주 속에서는
빨라질수록 시간이 느려진다네

우주선에 몸을 실은 나는
빛을 쫓아 하늘을 가르며 달렸지
순간이 영원이 되고
지구의 시간은 나를 두고 앞서가네

돌아와 보니
나의 모습은 어제 그대로인데
딸은 어느새 할머니가 되어
세월을 모두 받아 안았더라

빨랐던 발거름이
시간을 따라잡지 못하고
남겨진 이들이
먼 앞날로 나를 보내주었네

그래, 바쁠수록 돌아가라
시간의 속삭임이 들리는 듯
지금 이 순간을 천천히
음미하며 걸어가네

어지럼증으로 돈 버는 사업

어지럼증, 그 속에서 돈을 벌다니
속도와 방향이 맞물린 롤러코스터
빠르게, 더 빠르게, 방향을 바꾸며
우리는 어지럼 속에 웃음을 흘린다

지구는 시속 1670km로 돌고 있지만
우린 그 속도를 느끼지 못한 채
만유인력에 의해 붙잡혀 있다
자동차가 100km로 달리고
비행기가 1000km로 날아도
항상 같은 방향, 같은 속도라면
어지러움은 없다
그러나 디스코발판에 올라서면
갑작스런 방향전환, 변하는 속력에
순간, 머리는 빙글빙글 돌고
몸은 균형을 잃는다

그 어지러움, 그 짜릿함
우리는 그 순간을 즐긴다
속도와 방향이 뒤섞인 그 찰나에
어지럼증은 곧 돈 버는 놀이가 된다

*속도는 빠르기+방향
속력은 방향 없이 빠르기만

걱정은 배우(俳優)의 몫이다

걱정은 배우의 몫이라
인간은 오로지 근심으로 가득 찬 존재
인간은 근심 덩어리이다
사람도 아니면서(俳)
사람을 염려하는(優), 마치 연극 속 장면처럼

지구는 언제나 태양의 궤도를 돌고
그 위대한 배우(俳優)처럼
교회의 지도자는 평안이 최고라고 속삭이네(平常心是道)
안정된 마음, 그 평상심이야 말로 가장 높은 가르침

흔들리지 않으려
고요 속에 뿌리를 내리며
흐르는 강처럼, 늘 평온히
세상의 무대를 지켜보며, 한 점 근심 없이

이 세상에서 가장 맛없는 감

劣(못할 열. 용렬할 열)은
문제나 일을 해결할 힘(力)이 적다는(少) 뜻
세상의 맛없는 감이여
힘이 적어 문제를 푸는데
열 명 중 한 사람의 열등(十等)은
무겁고 깊은 고민의 그림자
그러나, 100명중에 열등은 상황이 달라지는 법이니

육체의 감각, 마음의 울림
서로 얽혀 세상을 느끼네
우리가 바라보는 모든 것은
연결된 한 몸의 이야기

육체로 느끼는 감각(視聽嗅味觸. 眼耳鼻舌身)과
마음(靈感. 意. sixth sense)은 한 몸이다
6개(六感)의 힘(力)이 약해지면
이 세상에서 가장 맛없는 열등감(劣等感)이 온다
가장 맛있는 자신감을 먹어 보세요

문제를 새롭게 풀어내는 힘
상황의 크기에 따라 달라지며
그 속에서 의미를 찾아라

가장 맛있는 자신감을 내 마음 속에 심어보리
열등의 그늘 벗어나서
환하게 빛나는 나를 보라
이제 다시 일어나
세상에 맞서 나아가리
자신의 맛을 찾아서
온전히 나를 살아가리

觸覺

새신랑과 안경 낀 사람의 공통점은?
벗으면 더듬는 촉각 DNA가 너무 발달했다는 거네

보이지 않는 것을 찾아 헤매는 순간
하나님도 그렇게 더듬어 찾아야 하나 보다
눈으로는 보이지 않지만
손끝에 느껴지는 진리의 흔적들

촉법소년(觸法少年)

벌레들은 더듬이(角)로
만지고, 닿고, 접촉하면서(觸 닿을 촉)
사물을 분간한다

蜀(큰닭 촉), 큰 닭(蜀)이 눈(目)을 크게 뜨고
몸을 구부려(勹), 벌레(虫)를 보고 있다
燭(촛불 촉), 벌레(蜀)가 꿈틀거리듯
촛불의 불꽃이 흔들린다
獨(홀로 독), 개(犭)와 닭(蜀)이 싸워서,
주인이 개를 따로 묶어 홀로 놓은다
대개, 개가 닭을 괴롭힌다
獨島, 일본은 개(犭), 한국은 닭(蜀)?

촉법(觸法)소년, 법에 닿은 소년이 아니라
법에 닿기엔, 법으로 처벌하기엔
나이가 어리다(少年)
더듬이로 세상을 만지는 벌레처럼
소년은 법의 손에 겨우 손끝을 대본다
그는 범죄자가 아니다
그는 아직 법을 알기엔
너무 어린 시간 속을 걷고 있다
법은 그의 등을 툭 치지만
등 뒤에 아직
엄마의 손길 같은 따뜻함이 남아 있다

가시 달린 나무는 재목으로 쓰이지 못한다

가시 없는 나무는
하늘을 향해 쭉쭉 뻗어
집을 짓고 그늘을 드리우며
사람들에게 안식을 준다

가시 달린 나무는
그 자리에 그대로 멈춰
어디에도 쓰이지 못한 채
그저 상처만 남긴다

입술에서 뽑혀 나오는
가시 돋친 말들은
이웃의 마음에 흉터를 새기고
그 흉터는 쉽게 사라지지 않는다

가시를 걷어내고
따뜻한 말로
마음을 감싸 안아라
누군가의 쉼이 되게 하라

가시달린 혀(齒痕舌)와 몬세라트

스페인, 바르셀로나
그 곳에는 6만 여개의 봉우리로 찢겨진
몬세라트(Mont 산+serrat 톱니)가 있다
얼마나 아팠을까?
톱니모양의 혀처럼 치아자국이 새겨져
마치 시간 속에 묻힌 흔적처럼
피로와 고단함 속에서
꿈이 아물지 않는 상처처럼 뚜렷히 남는다
그 자국은 말없이 속삭인다
고요한 기도 속에서
그들을 위로하려고, 평화를 주려고
마음의 지친 길을 다시 걷게 하는 힘을 주려고
검은 성모의 자비로운 얼굴이 있다
사람들은
지금도 여전히 그 빛을 찾는다

혀(舌)의 가장자리는 매끄럽고 둥근 곡선이다
그런데, 혀에 찍힌 이빨자국(齒痕 치흔)
울퉁불퉁한 혀
가장자리에 톱니 모양처럼 치아자국이 생긴 혀,
몬세라트가 떠오른다
스트레스, 피로로 생긴다는

이 병(疒)이 그치고 아물어 남은(艮)
흉터, 흔적(痕 흔적 흔)이 있는 치흔설(齒痕舌)에도
자비로운 검은 성모의 얼굴이 나타나기를 기도한다.

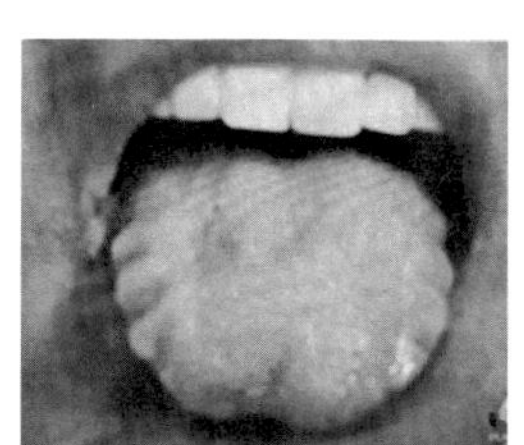

소. 돼지 혓바늘, 구제역(口蹄疫)

소와 돼지,
입(口)과 발톱(蹄)에 오는 혓바늘에 고통 받다
입안의 불꽃처럼 아린 혓바늘
말할 때마다, 밥 한 숟갈에 찢어지는 아픔
언제 끝날지 모를 그 고통 속을 걸어간다

그 작은 발톱(蹄), 그 큰 몸짓도
흙과 진흙에 찢어져 가며 아프다
걷지 못해 누워버린 그 몸
식욕은 사라지고, 삶의 빛은 흐려진다

소, 돼지의 마음은 알 수 없으나
그들이 겪는 아픔, 그 고통은 눈물이다
인간으로 태어나지 못한 서러움 속
인간의 병을 닮은 그들의 상처
병과 고통에 억눌린 그들의 삶은
생명도, 고통도, 똑같이 아프다
우리의 마음을 울리게 한다

*蹄(굽 제. 말굽 제)=足+帝(임금 제)
-임금(帝)주위에 경호원처럼, 발(足) 주변에 발톱이 많다고

*帝(임금 제)=立+冖(황금 허리띠)+巾(곤룡포)
-곤룡포에 황금 허리띠 차고 서있는 임금

*혓바늘 원인 중의 하나
치약 속에는 거품을 일으키는 계면활성제,
라우릴 황산 나트륨(SLS sodium lauryl sulfate)이라는 성분의
강력한 세정력 때문에 점막이 자극되어 궤양을 일으킴
*Lauryl 어원 : 월계수(laurel)에서 처음 발견한
지방 알코올(C12H26O dodecanol)

남자

열(十) 개의 입(口)을 거두는 힘(力)
口, 十, 力, 男의 세 글자 속에 새겨진 뜻
열 사람의 허기진 속을 채우며
배고픔의 무게를 어깨에 짊어지는 자

입이 많으면 무거움도 깊어
그 무게는 오직 힘으로만 움직이리
남자는 무거운 짐을 들어 올리는 자
입을 채워 세상을 굴리는 자로서의 길

무거운 짐을 지고 나아가며
그 힘으로 책임의 발자국을 남기리라
만일 몸(月)의 힘이 쇠하여
무거운(重) 힘을 감당하지 못하고 움직이지 않으면(動)
삶에 응어리, 종양(腫瘍)이 스며들리니

그리하여 남자는 길 위에 서서
그 무게를 감당하며 나아가라

*封套(봉할 봉, 씌울 투. 덮개 투)
-종이로 만든 주머니
-안에다 뭔가를 넣고 '겉 씌우개'

장갑(手套)
金一封 - 돈을 넣은 봉투 하나
封=토토토토 + 寸
신하들에게 땅을 주는 것이 세습되어 폐쇄적 형태가 되었다
封鎖(봉쇄).密封(밀봉) - 이걸 열면 開封
套(씌울 투. 덮개 투)=大+長 크고 길다. 말套. 外套. 封套

*幇助(도울 방. 방조).
-천(巾)에 적어 봉(封)하다. 돕다
傍聽(곁 방. 옆에서 들음)
*膀 오줌통 방 膀胱(방광).
-품행이 方正하게 오줌을 싸려면 일어서서(立)
변두리 방향(方)의 변소로 가서 싸라.
胱 -오줌 색깔이 노란 빛

시인이 되어라

詩人이 아니라
是認하는 사람이 되어라

사람은 두 가지 욕구로 살아간다
경제적 욕구, 시인 받는 욕구
아파트 평수가 넓어지지 않고,
남에게 인정받지를 못하면
그 사람, 그 나라는 희망이 없다

공산주의가 망하는 이유
소수만이 빛나고, 대다수는 그림자 속에 묻혀버린다
모든 민중은 인정받지 못하고
결국 희망은 사라진다

가정도 다르지 않다
부부의 말 한마디, 자녀의 눈빛 하나에도
서로의 인정이 없다면
그 가정은 금세 균열을 일으킨다

세상의 모든 관계는 인정 위에 세운다
사랑도, 기쁨도, 고통도
그 안에 무엇보다 중요한 것은

인정하는 자로 살아가라
그 길이 삶의 진정한 승리이기 때문이다

*是(옳을 시)-日+正 해가 뜨고 지는 것처럼 정확하고 바르다, 옳다
*認(인정할 인)=言+忍(참을 인) -칼날로 인간의 심장을 베어내듯 인내심을 가지고 말의 핵심을 분별. 알다
*日日是好日 날마다 좋은 날(불교용어) , 항상 기뻐하고 감사하라(성경)
-사실은, 매일매일 즐겁다 하기 보다는 좋아하지 않는 일이나
즐겁지 않는 일도 담담하게 받아들이면 의미 있는 하루가 된다는 뜻

*빈부. 학력. 종교 차이는 인정(시인)하나,
정당 차이는 인정(시인)하지 않는다
완전한 흰색은 없다. 세상은 그냥 회색일 뿐이다

비교(比較)하지 말라

자동차(車)가 엇갈려(交) 달린다(較)
두 사람(人人=比=北)이 걷는다
속도를 비교(比較)할 필요는 없다
비교는 불행의 씨앗을 심는다

외모. 지적능력. 재산. 정신. 생명, 무엇이든
비교로 평가할 수 있지만,
시간은 그 모든 것을 평준화 한다
나이가 들면
우리는 모두
'평준화' 라는 선물을 똑같이 받는다

비교는 지나가는 바람
우리는 결국 각자의 길을 다르게 걸으며 달리지만
결국, 그 끝에서 만날 때
비교의 의미는 없어진다

*比(견줄 비)
較(견줄 교, 비교할 교)

편견

편견(偏見), 그 좁은 문(戶)이여
귀가 두 개여도, 눈이 두 개여도
한 쪽으로 치우쳐 바라보는 눈
세상은 그 너머로 펼쳐져 있음에도
좁은 문을 고집하는 그 마음이여

'치우칠 편(偏)', 그 한쪽만 열리는 길
너그럽지 못한 도랑의 증거
세상은 균형을, 조화로운 두 방향을 말한다
두 귀, 두 눈은 이중의 진리
그 누구도 하나로만 살지 않으리

이 길 저길, 두 가지 길이 펼쳐진다
편향된 생각 속, 우리는 좁아지지 않으리
너그럽고 넓은 마음으로 세상을 바라보자
모든 이의 균형을 인정하며
우리는 진리를 향해 나아가리

작은(扁) 복숭아(桃)같은 샘(腺)이 편도선(扁桃腺)이다
그러나 편두통(偏頭痛 Migraine)은 한 쪽이 아니라,
양쪽에서 다가오는 고통이라 틀린 용어 아닌가?
편견으로 세상을 가두지 말라
으 하하하!

寺, 손(寸)보다 발(止)이 더 위다

寺(寸+土의 변형 止)의 고요한 미소 속에서
손(寸)으로 발(寺의 土: 止의 변형)을 받들고 마사지 하면서
우리는 함께 길을 걷는다
백성의 손(寸), 발(止)이 되어
세상을 다스리던 관청(寺)의 울림이
불교의 길을 따라 절(寺)로 변하더니
그 곳에서 나는
부처님을 모시고 詩를 읽는다

물건을 든 발이 덜덜 떨릴 때
몸의 한계가 드러난다
그렇다면 내 몸에 맞게
한 걸음씩 들어 올려야 한다
知足의 미덕이
진정한 滿足을 찾을 때
마음은 가벼워 진다

절(寺)에서 들리는 불경의 소리
그 울림이 詩가 되어
詩의 한 줄에 절(寺)이 깃든다
그리고 나는
소(牛)가 외나무 다리(一)를 건너는
삶처럼 살아간다(生=牛+一)

절(寺) 뒤 대나무(竹) 떼는
그 무리를 이루고(等)
해 뜨고 해질 때 종을 치면 時가 된 채
스님들의 발걸음을 기다린다
痔疾(痔 치질 치)에 잘 걸리는 스님들의 몸도
시간과 공간 속에서
하나의 詩가 되어 흐른다
그 안에 삶(生), 詩,
절(寺)이 있다

*自足 스스로 만족한다
知足 –자신의 분수를 안다(知足者富)
만족 –머리에서 발(足) 끝까지
*관청(寺)에서 소(牛)를 잡는 특별한(特) 날
*절(寺)에 가서 예불하려면 기다려야 한다(待)

*절(寺)은 기다림을(待) 가리켜 주는 곳이다
盡人事待天命(진인사대천명) - 삶은 기다림(待) 이다
*盡人事待天命(진인사대천명)
기다리면서(待), 남에게 대접(待接)하라
甘呑苦吐(감탄고토) 하지 말고
苦盡甘來(고진감래)하라
*盡(다할 진) -손(ㅋ)에 붓(丨)을 잡고
접시(皿)의 먼지를(灬) 일거에(一) 털어라(다 하라)

*일본 3대 정치가, 새가 안 울면?
1) 죽여라(오다 노부나가, 너무 나가네)
2) 울게 하라(토요토미 히데요시)
3) 울 때까지 기다려라(최종적으로 일본 통일), 待
*천국 – 기다려라 (성령의 마지막 열매, 절제)

*공자님(기원전 551~479)이 껄껄 웃는다
나 때는 寺를 '관청 시'라고 읽었는데
9년 후배 석가모니(기원전 560~551)가 '절 사'로 바꾸어 버렸네
長江後浪推前浪(장강후랑추전랑)
장강의 뒷물이 앞물을 밀어낸다

초기에 우물(井)을 중심으로 주변에 八가구가 공동으로 함께(共) 살면서
수확한 농산물을 공평(公=八+厶)하게 나누어 자기 것(私)으로 받음과
동시에 가운데 지도자(관청)에게 함께(共, 井) 세금을 바쳤다(井田制)
지도자는 땅(土)을 헤아려(寸 마디 촌, 헤아릴 촌) 관리. 분배. 治水.
교육을 담당했기 때문에(寺=土+寸) 寺를 관청 시,
관청에서 농사 때를 알려주는 時,
관청에서 교육용으로 알려주는 아름다운 말(言)을 詩와 歌,
관청에서 일하는 사람(관리)을 侍(모실 시)라 하였다

석가모니의 불교가 들어온 이후
인도에서 온 승려들을 관청(寺)에서 접대하고 모시다 보니 사회 안정,
치안유지, 교육, 문화발전에 기여 하게 되었고. 이후 자연스럽게
관청 시(寺)가 '절(寺)'로 변한 것이다
절한다고 절(寺)이 아니네, 그럼 가장 좋은 절은?
'친절'

*松(소나무 송) -4계절 공평(公)하게 푸르른 나무(木)
-벼슬아치(公)처럼 기품있는 나무
*翁(늙은이 옹) -고귀한 새처럼 귀인 대접받는(公) 늙은이

*公(공적 공) - 사사로운 것도(厶) 나누니(八) 공평하다. 함께하다

정신과 환자들의 유머

(1)
정신과 입원한 환자들이 서로 묻는다
너는 왜 입원했느냐
우울증 때문에

술을 먹습니까
아니오
담배를 피웁니까
아니오
마약을 흡입한가요
아니오
여자들을 좋아한가요
아니오

그렇다면 우울증 처방은 간단하네
술 먹고, 담배 피고, 마약 먹고
여자들하고 친하면 치료되겠네
으 하하하!

(2)
커피잔 속 검은 물결
쓴맛이 입안에 퍼지는데

나는 설탕을 넣지 않지
왜냐고 묻는다면
대답은 간단해
그대만으로 이미 충분히 달콤하니까

한 모금
입술에 닿을 때마다
너의 미소가 떠올라
쓴맛마저 달게 느껴지는 이 순간

설탕 없어도
충분히 완벽한 이 한 잔
그대가 내 곁에 있는 한
그 달콤함은 잊히지 않으리

정신과 환자들,
커피에 설탕을 넣지 않는 이유는?
의사. 간호사만 보아도 달콤하니까
으 하하하!

(3)
아침의 문턱을 넘자마자
세상이 빙글빙글 돌아가네
어지러운 몸을 끌어안고
시간을 헤아리지만
1시간이 흘러야 비로서
내가 다시 땅에 닿는다

그러나 누군가 말하네
'1시간 늦게 일어나면
세상이 덜 돌지 않을까?'
늦은 아침
조금 더 머물러도 괜찮아
세상은 기다릴 테니까

정신과 환자들,
"아침에 일어나기만 하면 1시간 동안 어지러운데
어떡하지죠."
"그럼 1시간 늦게 일어나세요."
으 하하하!

(4)
천국에 가려면
먼저 죽어야 한다지
삶의 마지막 장을 덮어야
비로서 그 문이 열린다는데

숨을 멈추면 빛이 보일까?
눈을 감으면 평온이 올까?

그리하여 나는 묻는다
천국은 어디에 있느냐고
죽음 뒤에 있는지
아니면, 마음속 어딘가
숨겨진 곳인지

살아 있는 동안
찾을 수 없는 그 길
죽음만이 안내자라니
너무 멀리 있는 듯하네

정신과 환자들,
천국에 가고 싶은데 어떻게 가는지 아세요?
평상시에는 베드로가 천국 문을 지키지만,
휴가 중에는 예수님 아버지, 마리아 남편, 요셉이 지키는데
요셉은 누구나 통과 시켜 주시니까 그 때 가는 거지요
그래서 우리들은 요셉을 High Farther 라고 하지요
으 하하하!

(5)
슬픔이 깊이 가라앉고
한숨이 깃든 어둠이
눈앞을 가립니다
슬픔 속에서도 도움을 구하는 건 큰 용기입니다
삶이 말한다
대가 없는 끝은 없다고
고통을 담보로
희망을 포기해야
겨우 얻는 그 무언가
힘든 시간을 혼자 견디지 말고
전문가에게 도움을 요청하는 게 중요해요

정신과 환자들,

"자살하고 싶어 미치겠습니다
어떡하면 되죠."
"상담료를 먼저 지불하셔야 겠습니다."
으 하하하!

"지금 CT 활영을 하려는데 주의할 점은?"
"당신처럼 당뇨병으로 약을 먹는 경우는 젖산산증(Latic acidosis) 위험 때문에 5일간 약을 끊고 가야 합니다."

"그럼 명당 찾는 이유와 제사 지내는 이유는?"
"彼安此安(피안차안) 조상이 편하면 후손도 편하다.
제사는 가족들이 웃으면서 화목하게
사는가를 보기 위해서 귀신들이 오는 것이라네."

(6)
"믿음이 강한지 약한지를 어떻게 구별하는가?"
"스테이크 하우스에서 믿음으로 주문한 사람은
믿음이 좋은 사람이지요."
"왜?"
"살짝 익히기(rare 레어), 적당히 익히기(medium),
바싹 익히기(well done) 3종류 가운데,
믿음이 미듐(medium)이니까."
"으 하하하!"

"또 다른 방법은?"
"그리스 아테네 여행가서
하늘 향해 높이 솟은 아테네의 신전,

아크로폴리스의 유적과 건축물들을 보고
감탄하는 대신 분노하면
믿음이 좋은 사람이지요."
"왜?"
"바울은 그리스 아테네에서
우상이 가득한 거리, 속이 빈 숭배의 거리에
마음 격분하여(사도행전 17:16)
발작을 일으킬 만큼 화를 냈지요.
마치, 하나님이 금송아지와 바알의 신상들이
하나님을 가리며 우상숭배가 심히 가득할 때
격렬한 폭풍처럼 분노하실 때 사용된 단어를
똑같이 사용하면서."

(7)
"입원 중, 젊은이들이 반말을 해도 잘 참는 이유는?"
"천국에 가봤기 때문이지요.""어떻게?"
"천국에 갔을 때, 젊은이들이 반말을 하기에
기분이 안 좋아서 왜 반말하느냐고 물었더니,
임진왜란 때 올라 온 사람이래요."
"으 하하하!"

(8)"넘어져 머리를 다쳐 응급실에 갔는데
왜 CT. MRI를 찍지요? 하나만 찍지, 돈 때문인가요?"
"급성 뇌출혈 여부를 알기 위해서 뇌CT 검사를 하지요.
간단히 5분 이내에 할 수 있고, 가격이 저렴하고, 심박동장치 등
다른 시술을 했어도 검사가 가능하기 때문이지요.
만약에, 뇌출혈이 아니면, 뇌경색을 찾기 위해

1시간정도 시간이 걸리는 MRI가 필요하지요.
돈 벌기 위해서 하는 것 아니에요."

"너처럼 똑똑한 사람들이 왜 정신과 병원에 입원하고 있나요?"
"너같이 결례된 질문을 하면 머저리이고
그런 질문에 대답하면 바보라고 하지만,
바보처럼 대답은 해주지.
미쳐서 입원한 것이지, 너처럼 모자라서 입원한 게 아니지."

*당뇨병의 1차 치료제로 효과 좋고 값이 싼 약은 메트포르민(metformin)이다
이 약은 체내에서 포도당이 무산소로 대사될 경우 '젖산'이 발생한다
메트포르민과 CT 촬영 시 요오드계열의 조영제를 동시에 사용할 때,
신장기능이 악화된 당뇨병환자들은
혈액이 과도하게 산성으로 변하는 유산증이 되어 복통. 구토. 설사.
호흡곤란, 의식혼동 등이 올 수 있으므로, 당뇨병 환자들은 CT촬영 시,
반드시 '메트포르민'이 함유된 약을 중단해야 한다
조영제 배출을 빠르게 하기 위해 충분한 수분을 섭취해야 한다

*彼(저쪽 피) -가죽(皮)이 천천히 벗겨져 나갈 때(彳), 바깥쪽, 먼 곳, 조상
*此(이쪽 차) - 발(止)로 사람(匕)이 딛고 있는 '이 곳'
*요셉(Josep) -성경에 10여명
이 중 유명하신 분 2명, 1)야곱의 아들. 애급의 총리 요셉
2)성모 마리아 남편, 예수 아버지 요셉
요셉 약자 Joe(조, 남성), Josephine(조세핀. 여성)

반 고흐, 정신과 병동에서 그린 그림들

박혁거세 신라 초대 王은
클레오파트라와 BC 69년 동기생이다
고흐(1853~1889)는 조선 26대왕 고종(1852~1919)보다
한 살 아래 동생뻘이다
1889년은 프랑스 만국박람회로 에펠탑이 만들어진 해이다
1919년은 삼일운동이 일어난 해이다

반 고흐는 자신의 귀를 자르는 충격적인 사건으로
정신병원에 들어간 1889년 그린 그림이 있다
뉴욕 현대미술관에 있는 별이 빛나는 밤,
LA 폴 게티(Getty 1892~1976)) 박물관에 있는 아이리스(붓꽃)

별이 빛나는 밤
어두운 밤하늘, 별들이 춤추며
소용돌이 속에서 갈라지는 빛의 물결
그 안에서 희미한 소망을 찾으려 했던
고통의 끝자락에서 펼쳐진 꿈의 정원
병원 밖, 밤의 차가운 공기 속
작은 마을의 사이프러스 나무가 흔들리며 속삭인다
그의 아픔이 그려진 소용돌이 속
별들은 그를 위로하는 듯 빛을 뿌리며 세상과 맞서 싸운다

아이리스(붓꽃. Iris 무지개. 홍채)
병원 정원의 한 구석, 피어오른 붓꽃은
옛 선비들의 손끝에서 그려진 꿈처럼
잊혀진 시간 속에서 흔들린다
고통의 그늘 속, 그의 정신은 흔들렸지만
아이리스 꽃잎은 바람을 맞으며 춤추고
생명의 속삭임이 그의 마음을 감싸듯
화면을 가득 채우고,
고요한 바람 속에서
희망은 꽃잎마다 살아 숨 쉰다

*iris 홍채(虹彩)=빛의 양을 조절하는 도넛모양의 조리개
虹(무지개 홍)=虫+工, 옛날 중국인들은 무지개가 긴 뱀(용)처럼 생겼다고.
하늘과 땅을 이어주는(工) 뱀=용=무지개
-뱀(虫)처럼 길게 만들어진(工) 무지개
肛(항문 항) - 몸(月)에서 먹은 음식을 폐물로 만드는(工) 곳, 항문
*iris 무지개, 무지개처럼 하늘과 땅을 연결하는 심부름꾼 여신
*iris 붓꽃, 꽃봉오리가 먹을 묻힌 붓과 같이 생겼다고
*모든 인간의 동공(瞳孔)은 검은색 이지만
홍채는 무지개(虹) 색깔처럼 사람마다 다르다

*采(캘 채)=爪+木 손톱으로 나무를 캐다
彩(채색 채) -여러 가지 고운 빛깔의 나뭇잎을 따서(采)

무늬(터럭 삼 彡)를 낸다. 채색

菜(나물 채) -풀 속에서 캐낸 나물, 채소

메트로폴리탄 미술관,
다빈치와 미켈란젤로가 없다

뉴욕에서 반 고흐(1853~1889)와
그의 28년 후배인 피카소(1881~1973. 92세)는
쉽게 만나볼 수 있지만,
세계적인 미술관이라고 알려진 메트로폴리탄에는
모나리자. 최후의 만찬을 그린 다빈치(1452~1519. 67세)와
피에타와 다비드를 조각한,
다빈치의 23년 후배 미켈란젤로(1475~1564. 88세)의
작품이 없다는 약점이 아쉬웠다

대신, 비공식 마스코트로 사랑받고 있는
고대 이집트의 파이앙스(유리질 점토)로 제작된
연꽃이 그려진 푸른색의 河馬조각상을 가져온 것으로
위안을 삼아본다

고요히 빛나는 푸른 河馬 하나
파이앙스의 연꽃을 등에 지고
천년의 강물 속을 건너
이 낯선 도시로 걸어온 것
河馬는 말이 없다
하지만 그 파란색은
부활의 모든 이야기를 알고 있다

*메트로폴리탄의 비공식 마스코트- 연꽃이 그려진 하마
하마는 생명력 재생과 혼돈과 악의 상징이다
연꽃은 재생. 순수. 창조. 신성을 상징한다

*이집트인들, 하마의 상징성 2가지
1)생명과 재생의 상징
물속에서 사라졌다가 다시 떠오르는 행동
아침과 저녁에 태양을 향해 포효하는 모습
태양의 순환
2)혼돈의 神 세트(Seth)의 화신
왕이 하마를 사냥하는 장면은 세트를 정복하는 행위

*연꽃의 상징성
1)재생과 부활
연꽃은 밤에 꽃잎을 닫고, 아침에 여는 특성
태양의 순환과 연관, 사후세계에서의 재생을 의미
2)태양이 떠오르는 창조
더러운 물에서 깨끗하게 꽃을 피우는 특성으로
순수함을 나타냄
3)신성과 神의 상징

*파이앙스 하마조각상의 세라믹 복제품
유리질의 반짝이는 표면을 형성,
주로 청록색 또는 파란색의 광택을 띠게 됨,
태양의 불사의 빛을 반영한다고 믿었으며
생명과 재생의 상징으로 사용

배보와 다께시마(竹島)

중국인은 혀로(맛으로) 먹고
일본인은 눈으로 먹고
한국인은 배로(배부르게) 먹는다
서로 다르게 생각한다

서양에서는 무지개를 다양한 아름다운 색깔로(iris 아이리스)
중국에서는 하늘과 땅을 이어주는(工) 뱀(虫)으로(虹彩)
서로 다르게 생각한다

선비들은 붓꽃을 꽃봉오리가 먹을 묻힌 붓과 같다고,
서양에서는 다양한 색상을 가진 꽃이라고
아이리스(무지개)라 부르고,
정신과 병동에 입원한 반 고흐는
붓꽃의 움직이는 꽃잎들이 살아 숨 쉬는 희망을 준다고
그 꽃잎에 아리리스(붓꽃)를 담아 즐겨 그린다
서로 다르게 생각한다

Think Different(다르게 생각하라)
스티브 잡스(Steve Jobs)의 목소리
혁신의 길을 열어
서로를 인정하고 시인하는 것
그것이 바로 자유의 길

일본이 독도를 죽도(다께시마)라고 좋아하는 이유가 있다
다께시마를 거꾸로 다르게 생각해봐
마시께다(맛있겠다. 마싯겠다. 눈으로 먹는다)
사랑하는 아이들은 배보 아빠를
거꾸로 다르게 생각한다
'보배' 라고
으 하하하!

서로 다르게 생각하는 그 길에서, 그 시선에서
다양한 삶이 존재하며
우리도 그 안에서
다르게 생각하는 각자의 색으로 채워진다
다르게, 또 다르게 살고 있다

당뇨병과 멋진 의사 밴팅(Banting)

인슐린, 그 작은 기적의 이름
당뇨병을 향한 고통 속에서
밴팅의 손끝에서 피어난 빛
그의 열정은 세상에 닿아
어둠 속을 밝혀주었네

캐나다의 젊은 의사, 밴팅(1891~1941)은
"인슐린은 제 것이 아닙니다. 전 세계의 것입니다."
토론토 대학에
단 1달러로 인류에게 바친 선물

노벨상의 영광보다 더 큰 것은
그가 남긴 사랑의 흔적들
세상은 그의 희생 속에서
조금 더 따뜻해졌음을 기억하리

밴팅, 그 이름은 이제
모든 사람의 마음에 남아
세상은 살만하다고 말해주네
그가 보여준, 진정한 醫師의 길

*밴팅 –32세 최연소 노벨상 수상. 비행기 사고로 사망

위턱과 아래턱

위턱과 아래턱이 임플란트하려고 치과에 갔더니
뿌리 픽스쳐(인공 치근)를 심고
아래턱은 3개월 후에
위턱은 6개월 후에
인공치아 보철물(crown)을 씌우라고 하네

위턱이 물었네
"왜 나만 늦게 오라고 미워하세요?"
아래턱이 미소 지으며 대답하네
"내가 더 낮은 곳에 있으니
겸손함을 하나님께서 예뻐하시나 봐"

위턱은 불만을 품었지만
곧 진리 앞에 고개를 숙였다네
"내가 먼저다" 외치던 마음은 천천히 가라앉고
겸손을 배우는 시간이 왔네

하나님은 아래턱을 단단하게 하셨고
치밀한 조직으로 뼈를 감싸셨네
아래턱은 그 속에서 임플란트와 하나가 되었지

위턱도 언젠가는 알게 될거야

겸손한 기다림 속에서
진짜 강함을 배우는 법을
그때가 오면
위턱도 단단해져
아래턱처럼 웃을 수 있겠지

*예배당의 단상이 낮은 곳에 있는 이유
*너무 출세해서 위로 올라가면
발아래 보이는 것은 구름뿐이요
사람은 낮은 곳에서 살아야 아름다운 자연을 볼 수 있다
*임플란트 구성
뿌리, 픽스쳐(fixture)+가운데, 지대주(abutment 어버트먼트. 기둥)
+ 위, 인공치아(crown)
*접미사 ~ure 가 붙으면 명사가 된다 : nature
~ure(기본형). ~ture(변화형 1), ~sure(변화형 2)
*implant=im(안에다)+plant(심어주다). 이식하다. 꽂아넣다
*fixture 영구적인 부착, fitting 일시적. 적합성
*fit 적합한. 알맞은. 건강한. 꼭 맞다(동사)
*fitness(명사) 건강. 적합성
fitting(형용사) 적절한, 알맞은
*fitter(명사) 기계등을 맞추는 사람

오토바이 탄 목사님

목사님 두 분이
오토바이를 타고 바람을 가르며
속도를 올려 신앙의 길을 달려가다,
과속으로 경찰의 눈에 띄었다

경찰은 존경하는 목사님이라 그냥 통과시켜주려고
"천천히 타십시오" 라고 친절하게 말을 하자
두 목사님 왈, 거만스럽게 말을 합니다
"주님이 함께 타고 계시니까 걱정하지 마세요."

그러자 경찰이 목사님들에게 바로 스티커를 발부하면서 하는 말,
"목사님들이 겸손하지 않으므로 처벌하겠습니다.
3명이 타는 건, 법에 어긋납니다."

하하하! 웃음이 울려 퍼지는 순간
세상에서 배우는 교훈 하나
어디서나 겸손하라고

돼지고기 먹고 기억하라니

돼지고기 먹고 기억하라니
해마(海馬)가 춤추는 숲 속에
돼지(돼지 머리 계 크. 彑)가 주둥이나 앞발로
물(水)이 나올 때까지
나무를 긁거나 갉아먹어
'나무 깍다, 나무껍질을 벗긴다' 는
뜻의 '나무 깎다 록(彔)'과 쇠(金)가 결합한
錄(기록할 록, 문서 록)처럼
진실이 묻혀 기록을 새긴다
나무 깎고 껍질 벗기듯
기억장치, 해마 속에 하나하나 錄音으로 새겨지리

몽당연필은 천재의 손끝처럼
끊임없이 쓰여지는 이야기
기억은 무너져도
새로운 시작은 늘 이어지리라

그래, 돼지고기든 몽당연필이든
모두 하나의 도구일 뿐
기억이란 건
결국 海馬가 새기는 그림일 테니
으 하하하!

쓰고 또 써도, 잊지 않으리
나의 기억은 언제나 새로이
돼지고기와 몽당연필 속에
진실은 흐르고 흐르리라

*머리의 해마에 기록을 잘 하려면
천재 보다 몽당연필이 더 낫다(聰明不如鈍筆)

*綠(초록빛 록. 푸를 록)은 버드나무(木)를 재료로 만든 실(糸)은
깍아도 깍아도 푸르다는 뜻
*녹음(錄音)
*녹말(綠末)가루 –'끝 말 末(가루)'

하나님은 왜 돼지고기를 싫어하시나요?

"하나님은 왜 돼지고기를 싫어하시나요?"
"치매도 없고, 기억력도 항상 좋으시니까"
"그럼 어떤 고기를 원하시는지요?"
"소(牛)"

소(牛)의 희생(犧牲)이 이 땅에 퍼져
고요히 그 뜻을 묻고 싶은 마음이 든다

犧牲의 犧(희생 희)는
우수한(흠 없는 秀) 牛羊 그 위에 창(戈)이 놓여있다
우수한 소와 양은 창(戈)으로 그 생을 마감하고
사람들은 소(牛)들을 통해 그 신성한 뜻을 실어 간다
牲(희생 생), 살아있는(生) 소(牛)
하나님께 올려 질 수 있는 것인가?

牧師의 길을 따라 가는 자, 그 길에 소(牛)는 언제나 있다
그들의 땀은 삶을 이루고
수많은 인간들이 소(牛) 젖을 먹어도
나를 엄마라 부르는 놈은 하나도 없다고
소(牛)는 웃고 있다
우(牛) 하하하!

저 광활한 들판에서
그 빛을 바라보며 웃고 있다

소(牛)의 웃음은
그 깊고 넓은 존재 속에서
우리에게 묻는다
“나는 희생(犧牲)인가, 아니면
이 땅에 사는 모든 이들을 지탱하는 근본인가?”

*돼지는 집(家)에서 편히 살지만,
소(牛)의 삶(生)은 외나무다리(一)에서 살아가는
불쌍한 존재이기 때문에 하나님께서 사랑하신다
(심령이 가난한자는 복을 받는다)

부처(佛)님과 불소(弗素)

활(弓)에 2개의 화살(| |)이
나란하지 못하면
보통이 아닌(아닐 불 弗)
특별하다고 '弗' 이라는 기호가 붙는다

보통이 아닌
사람(人)에게 특별한 기호 弗을 붙이면(佛)
마음속 깊이 감춰진
무거운 불안을 풀어주는 빛
어둠 속에서도 그의 가르침 들으면
사람(人)의 불안하고 공허한
마음도 고요히 녹아내린다

보통이 아닌 원소(元素)에게
弗을 붙이면(弗素)
맹독성 때문에 바퀴벌레도 피하지만
바위 속에 숨어든
단단함을 풀어주는 비밀의 불
차가운 돌(광석)도 그의 손길 닿으면
쉽게 녹아 부드러운 물처럼 흐른다(융제 融劑)

광석을 녹이는 불소가 있다면

마음을 녹이는 부처가 있나니
단단한 것은 부드러움에 의해
비로서 그 진정한 본질을 드러내리라

왜 불안하고 공허할까?
마음이 비어있으면 생기는 것이다
감사와 용서하는 기도. 묵상. 명상으로 가득 채워야 한다

불교의 시작은 고통 받는 사바세계로부터 시작했고
기독교의 시작은 사과로 시작해서
용서하는 사과로 끝난다
달라이라마는 용서란 道(平常心是道)라 했다
道란 非常心을 잡는 것이다
서퍼들은 우리가 무서워하는 파도타기(surfing)를 즐긴다
우리네 풍습은 마음이 불안할 때 기도를 한다
그러나 티베트 승려들은 평안할 때
액(厄)을 부르는 기도를 한다
영적 성장이 멈춘 상태라고

*푸스킨(Pushkin 1799~1837) 왈,
삶이 그대를 속일지라도
슬퍼하거나, 노여워하지 말라
슬픔의 날을 견디면, 기쁨이 날이 찾아오리니
*마크 트웨인(1835~1910) 왈,
하늘나라에는 유머가 없다
유머의 숨겨진 바탕은 기쁨이 아니고, 슬픔이다

*醫師들 왈, 천국에는 환자도 없다
*詩人들 왈, 천국에는 시인도 없다

포스트 모더니즘과 隱退

중세시대의 종교, 봉건주의에 반항하고
과학이나 합리성을 중요시하면서 새로 나타난 것이
19세기 중반부터 20세기 후반까지 100년간 지속된
모더니즘(近代主義. 현대주의)이다

이제는 모더니즘도 물러난 시대가 되었다
모더니즘이 확립한 도그마, 원리, 형식 따위를 거부하고
또다시 새로 나타난 것이 포스트모더니즘이다

기존의 법칙에서 벗어나 남자끼리 결혼하고
규칙 없는 음악, 멋대로 작곡하고
도통 법칙이란 게 없다
형식은 부서지고
규칙은 녹아내린다
옳고 그름의 경계
흐릿한 안개 속에 사라진다

나이 들어 은퇴(포스트 직장)를 하면
과거의 법칙은 사라지고
어디에도 얽매이지 않는 새로움이 자란다
이것도 저것도 아닌
모든 것이 제멋대로 세계가 펼쳐지는

포스트모더니즘에 들어간다
그 동안 경기해 왔던 코트와 규칙을 과감히 갈아엎는
Game change를 선언해야 한다
그래서
지금까지 공부했던(工) 모든 질서가 깨졌으니
隱退라는 이름으로(隱=阝+爪+ヨ +工+心. 숨을 은),
내 두 손(爪. ヨ)
조심스레 마음(心)을 감싸면서

법 없어도 괜찮다던 이들
사실은 법에 기대 살던 사람들
정해지지 않는 삶
새로운 길 앞에
보이지 않는 언덕(阝), 법이 없는 세상으로
남몰래 숨는다

*會者定離 去者必返(회자정리 거자필반)
만남이 있으면 헤어짐이 있고
헤어짐이 있으면 만남이 있다
시작이 있으면(회사 입사) 은퇴도 있다
은퇴가 있으면 또 새로운 시작도 있겠지
이런 게 復活 아닌가?

기독교의 물고기와 불교의 물고기

수천 명의 굶주린 영혼을 채운 기적
오병이어(五餠二魚), 빵 5개, 물고기 2마리
부활 후 예수의 입술에 구운 물고기
죽음도 부활을 막지 못했네
우리는 다시 살아갈 용기를 얻으리
박해 속에서 숨은 익투스(물고기)
물고기 속에 담긴 비밀의 신앙
서로를 알아보는 암호가 되어
그리스도의 사랑을 고백하리라
십자가와 물고기, 두 상징의 만남

절(寺), 추녀 끝 달랑이는 풍경(風磬)의 맑은 소리, 그리고 물고기
물고기 닮은 목탁의 소리
영혼을 깨우는 메시지
잘 때도 눈을 감지 않는 물고기
눈을 떠라 눈을 떠라
물고기처럼 항상 눈을 떠라
깨어 있어라

*절에서 목탁을 치는 이유
목탁소리는 부처님의 가리킴을 듣고 기쁜 나머지
물고기들이 물속에서 튀어나와 서로 부딪히며 내는 소리

늘 깨어 있어야 한다는 것을 상징
목탁 치는 목적은 중생을 제도하기 위해서

*익투스 - 그리스어. 뜻: 물고기
*魚(고기 어) - 머리(인)+ 몸(田)+꼬리(灬) 물고기 모양
 - 洪魚. 乾魚物
漁(물에 있는 고기 잡을 어) -漁船. 漁業

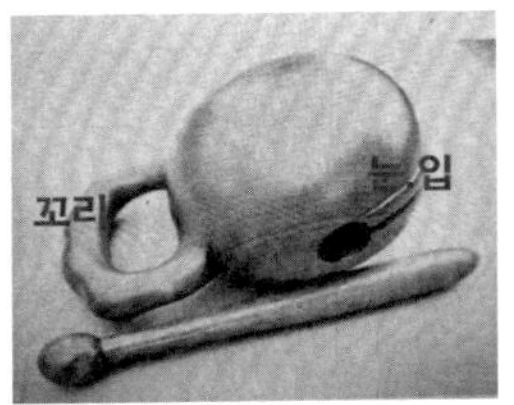

종교의 원투쓰리

원, 平安, 彼安此安(피안차안)의 安
茶(백팔번뇌)의 平安
하나로 시작해 세상속의 평화를 꿈꾸니
내 안의 평화가 너에게도
너의 평화가 나에게도 닿길 바라며

투, 고진감래(苦盡甘來), 권선징악(勸善懲惡)
열심히 살아가며 고통을 이겨내면
좋은 일이 찾아오는 법
그 속에서 우리는 성장하고
선은 권장하고 악은 징계 한다네

쓰리(황금률), 나나 너나 이롭게 하라(自利利他, 불교)
자기가 싫은 일을 남에게 시키지 말고(己所不欲勿施於人, 논어)
너희는 남에게 바라듯 남에게 해주어라(마태복음)
세상에 두려움 없이 손을 내밀고
따뜻한 손길로 서로를 이롭게 하라

*宗教(종교)=으뜸 가르침
宗(마루 종, 근본 종, 으뜸 종)
=宀+示, 집에서 받들어 모시는 示(神)
-한 집안의 조상을 받ㄷ는 족장(族長)

教(가르칠 교)=爻(본 받을 효)+子+攵

*고진감래를 거꾸로 하는 것이 마약이다

種種, 가끔

씨앗(種=禾+重)과 몸(月), 그리고 변화의 그늘
씨앗은 무겁고 깊어야 좋지만(내용이 충실함),
몸(月)은 무거워지면(중압감)
감춰진 무게를 견디지 못해
그 속에 숨은 불균형이
모든 것을 앗아가 종양(腫瘍. 암)이 된다

시작이나 가능성을 나타내는 씨앗(種)을 심으면
두 가지 가능성
하나는 성장,
또 하나는 '가끔(種種 sometimes. 부사)'
어쩌다가 한번씩, 때때로
더 드문 변화로 나타난다

센트럴파크의 개, 발토(Balto)

Diphtheria는 그리스 어로 가죽이란 뜻이다
회색빛의 가죽처럼 보이는 가짜 막이
편도. 목젖. 인두를 감싸고
숨을 쉴 수 없고, 음식을 삼킬 수 없다
그 고통 속에 기관지 절개로 길을 연다
그러나 백신(항독소)이 다가와 미리 막는다

센트럴파크엔 개의 동상
추운 알라스카를 뚫고
백신을 실어 나른 용감한 '발토(Balto)'
환자를 구한 그의 발자취를 기리며 서 있다

디프테리아, 백일해, 파상풍
3가지를 한번에 DPT 백신으로
접종 한 번에 줄여가는 횟수

30 여종의 백신이
우리 몸을 지키고, 생명을 구하고
그 모든 노력이 하나로 묶인, 1회 접종이라면
의료비가 절약되고, 환자의 병원 방문 횟수가 줄고
세상이 더 안전하고, 더 건강해질 것이다

그 길 위에 서서, 우리는 또 하나의 꿈을 꾸며
미래를 향해 나아간다

*DPT

Diphtheria 가죽
pertussis=per(과잉. 심하게) + tussis(기침).
-百日咳 100일 동안 기침한다고
tetanus 강직. 긴장하다.
-破傷風" 다친(破) 상처(傷)로 균(風邪 풍사)이 들어와
몸이 뒤틀리는 마비증상을 일으키는 병

*DTaP의 aP=acellular 무세포성 (살아있는 바이러스가 아닌 입자로 구성)
전세포 백일해(whole cell) 백일해 & 무 세포(acellular)백일해

소록도(小鹿島)

작은 사슴 닮았다는 소록도,
그 땅위에 남은 깊은 아픔의 상처들
그 누구도 다 알 수 없겠지만
묵묵히 서있는 나무들
섬의 숨결, 파도소리 속삭임
그 아픔을 품고, 시간 속에 서있다

소록도의 바람,
상처를 쓸어내고
아픔을 아름다움으로 바꾼다
꽃과 나무들, 치유의 손길을 펼쳐
사랑과 희망을 속삭인다

여기, 우리의 애환이 있다
그리고 그 애환은
이제 아름다움으로 다시 태어났다
詩人 한하운(1920~1975)의 파랑새,
푸른 날개로 고통의 시간을 날려 버린다

이곳에선,
천사의 발자국이 바다와 맞닿는 곳마다 남는다
나병환자들의 고통이

그저 지나간 흔적처럼
잔잔히 파도 속에 묻혀 간다

꽃으로 향기로 다시 살아나
소록도의 거친 땅을 푸르고 윤택한 희망의 동산으로 만든다
말은 아픔의 씨앗인가 봐
한센인들이 좋다고 말하니 좋은 씨앗이 되어
아름다운 꽃을 피우고 좋은 열매를 맺힌다

기독교는 고난을 피하는 것이 아니라,
이겨내는 것이다
소록도의 꽃처럼
고통을 넘어 사랑의 꽃을 피우리
그 고난을 이겨낸 한센 병(病) 환자들이여
지금은, 하늘의 찬란한 빛만 보소서

*癩病(나병)=한센 병(Hansen 1841~1912. 노르웨이 의사)=leprosy
나병균 – 마이코 박테리움 레프라에 myco-bacterium leprae

癩(문둥병 나. 라)=疒 +賴(의뢰할 뢰. 뇌) -의지할 곳이 없는 병(疒)
剌(어그러질 랄)= 束(묶을 속. 나무를 입으로 물다. 묶다. 단속) + 刂
- 묶은 것을 칼로 대니 '어그러지다'
賴=束+刂+貝 -돈이 어그러지니 '의지하다'
*鹿(사슴 록.녹) - 사슴 모양 본뜬 글자
*소록도 – 작은 사슴 닮은 섬

자전거

우물쭈물하다가는 큰 일 나요
조지 버나드 쇼의 묘비명처럼
시간은 미련 없이 지나간다
늙은 자전거가 말하죠
"찌르릉, 찌르릉, 비켜요!"
우물쭈물하다가는
삶의 휠은 멈춰버리고
자전거는 그 길을 알죠
계속 달려야 한다는 걸

그치면, 넘어지게 되어 있어요
그 길은 멈추지 않으니까
저기, 꼬부랑 늙은 노인이 걸어가고 있어요
그도 알죠
걷지 않으면 결국 쓰러진다는 걸
자전거는 달려야 한다
그리하여 삶은 계속 흘러가죠

우물쭈물하다가는
바람처럼 사라져 버릴지 몰라요
두 다리가 '제2의 심장' 이라 한다
자전거를 타든 걸음을 걸든,

두 발을 움직이지 않는다면
심장이 죽었다는 거라네

그러니, 멈추지 말고 달려가요
그 휠처럼, 그 발처럼
삶의 리듬을 놓치지 말고
계속해서 앞으로 나아가요

*한자에서 유래한 우리 말
跟頭撲跌(근두박질. 칠박. 거꾸러질 질) -곤두박질
新新하다 -싱싱하다
熟冷(숙냉. 끓여서 식힌 것) - 숭늉

하나님 코는 크다

시편 145편 8절, 출애굽기 34장 6절
하나님은 '노하기를 더디 하시는 분' 이라 했다
히브리어 원어로
'하나님이 긴 코를 가지고 계신다' 는 뜻이라네

하나님 코는 크다. 그 깊은 숨결
긴 호흡 속에 담긴 사랑의 뜻
노하기를 더디 하신 그분의 숨결
우리를 향한 참을성의 바다

우리가 불평하고 원망할 때
그분은 짧은 숨도 쉬지 않으시고
길고 긴 숨을 쉬며 기다리시네
우리가 깨닫기를, 돌아오기를

하나님의 긴 호흡은 우리가 숨 쉬듯
삶 속에 스며들어 깊고 고요히
우리가 자라 갈 때까지 기다리시며
자비의 품으로 우리를 품으시네

세상의 번뇌 속에 주저앉을 때
하나님은 한 숨도 내쉬지 않으시고

긴 코로 천천히 숨을 쉬며
우리 삶에 개입하셔서 일으키신다

우리가 언제나 부족하더라도
하나님의 긴 호흡은 여전히
우리 곁에서 함께하며
우리의 걸음을 이끌어 가시네

우리 또한 우리 힘으로
조정할 수 없는 문제들과 사람들을 향해
하나님의 개입을 기대하며
긴 호흡을 해야 한다네

*하나님은 코(厶)를 통해서 생명을 불어 넣어주셨다
동양에서는,
코(厶)뿐만 아니라, 입(口)까지 더해서 생명(목숨)을 주셨다(台)
*台(클 태)- 내가(厶) 입으로(口) 소리를 내며 기뻐하다
- 콧구멍(厶)이 입(口)보다 더 크다
- 颱(태풍 태) -바람이 크다. 颱風
*始(처음 시) -생명(台)이 처음 여자(女)로부터 나오다
*治(다스릴 치) -목숨과 관련된 물을 잘 다스린다
*胎(아이 밸 태) -몸(月)에서 생명이 태어나다 '아이 배다'

*'어려움과 근심은 나를 살리는 길로 인도하고(生於憂患),
편안함과 즐거움은 나를 죽음의 길로 인도하네(死於安樂)'
-아무 일도 안하고 코(厶)와 입(口)으로만
평안하게 숨만 쉬고 있으면 게으르다고(怠.게으를 태) 하고,
IQ보다 AQ(역경지수)가 높은 사람이 더 성공한다고 하는데
하늘의 생각(彼安此安, 平安)과 땅의 생각은 정반대, 파라독스(paradox)네

*병원에서 죽는 이유는?
게으른 자(怠) 보다 더 게을러서, 숨마저도 안 쉬니까(死於安樂)
으 하하하!

가수(歌手)의 긴 호흡

세상의 번뇌 속에
주저앉을 때
歌手(singer)나
노래를 작사 작곡하여 직접 부르는 뮤지션(song writer)들은
긴 코로 천천히 숨을 고르며 다가옵니다

歌, 하품(欠)처럼 입을 크게 벌려
소리 길게 내며(可+可)
手, 우리 삶에 개입해
감흥을 일으키는
전문가(手)의 손끝으로
우리는 속삭임을 듣습니다

좋아하는 음악
그들의 목소리
부교감신경을 자극하여
혈압은 낮아지고
마음은 평온해지고
가슴을 부드럽게 만져줍니다

성희롱 아닌가?
으 하하하!

그들의 노래는
우리를 채워주는
아름다운 호흡입니다
소리로 품어주는 사랑입니다

당뇨의 길잡이, 血糖指數? 糖負荷(부하)指數?

당뇨의 길을 걷는 이여
혈당의 속도, 얼마나 빠르게 올라가는지
그 급류를 피하라
血糖指數(glycemic index/GI) 체크하며, 섬세히
올라가는 속도, 그 흐름을 알리라

음식은 친구, 그러나 적도 되리
빠르게 오르는 糖의 높음을 막아
지속되는 거리, 그 길이 중요하니
짧고 긴 시간, 혈당을 지켜가라

당부하지수(糖負荷. glycemic load, GL),
칼로리가 반영된 내 길잡이
천천히 올라가며, 서서히 떨어지는
그리하여 하루하루 평온을 찾고
건강을 향해 한걸음씩 나아가리

당뇨의 바다를 향해하며
혈당 지수와 혈당 부하지수, 두 눈으로 재어가라
지속되리라, 그 평안한 시간
건강한 삶으로 가는 길을
혈류가 쉬지 않도록 오늘도 걸어가리

*糖負荷(당부하)- 생체에서 포도당의 대사능력을 알아보는 시험
-장기에 일정한 약제(糖)를 투여하거나 운동을 시키는
부담(負荷. 짐)을 주고, 그것을 견뎌내는 정도를 검사
*何(어찌 하) -사람이 옳게(可)사는 것이 무엇인지 모르니 '어찌할까?'
- 幾=幺幺+戈+人 -전장에서 작은 창이라도 들고 있는 사람이
'몇'이나 되는가?
기하(幾何): 얼마냐?
*기하학(geo 토지+ metry 측량): 도형이나 공간 등
잘 모르는 수량이나 정도를 연구하는 학문
- 공간의 數理學的 성질을 연구하는 수학
- 幾何級數的으로 늘어나다
중국에서는 geometry를 '지허(幾何)'로 음역
우리나라에서는 圖形學 이라 해야 하는데, 중국한문 그대로
'기하'라 했으니, 어찌 기(幾), 어찌 하(何) 대로 '어찌어찌學'
*河(물 하) -물이 옳게 흘러가는 곳이 '강'
*荷(멜 하)- 人+苛(가혹할 가). 사람(人)은 짐을 가혹하게 느낀다
荷(멜 하) 짐을 짐. 일을 맡김. 가해지는 작업량. 짐지다. 메다. 연꽃
*苛(가혹할 거. 매울 가)
-먹을 것이 없어 백성들이 풀(++)만 먹는다 '가혹(苛酷)하다'

*풀(++)이 어찌(何) 더러운 물에서도 고결한 연꽃(荷)이 피어나는지?
-바나나: 나무가 아니고 풀이다, 어찌 이렇게 달콤한지?
*負(짐질 부)-사람(人)이 재물(貝)을 드니 '짐지다'
지다. 패하다(勝負). 믿다
본래 사람이 화폐를 가졌다고 '믿다'
후에 빚을 지다에서 지다. 짐어지다. 당하다 (負債 부채)
*負(짊어진 짐), 荷(어깨에 멘 짐)

	당 지수. GI	당 부하 지수. GL
탄수화물 기준	탄수화물 기준 50g	1회 음식 섭취량의 탄수화물
	혈당이 얼마나 빠르게 오를까? (탄수화물 흡수 속도)	실제로 먹은 1회 분량의 음식이 혈당을 얼마나 올릴까? (기준 50g 이 아님)
수박	72(50 g)	4 (120 g) *수분함량이 대부분
감자와 고구마	감자 : 93 (50g. 3개) 고구마 : 70(50g.1개)	감자 8 (65g. 1/2개) 고구마 15 (70 g 1/2개)

붓(pen)과 빗자루(帚)

붓(pen)과 빗자루(帚)가 만나
손에 잡히는 순간
배움의 티가 묻어나는
여자의 삶, 며느리의 마음

천(巾)에 끈을 묶어(冖)
빛나는 손길(彐)에
세상은 배우고(붓), 쓸고(婦)
깨끗하게 정리된다

푸른곰팡이(penicillus)처럼 핀
붓(빗자루)의 끝에서 피어난
치유의 숨결
플레밍(1881~1955)이 최초로 발견한 항생제,
페니실린(penicillin)처럼 따스하게 퍼진다

붓(筆)의 어원은 깃털(pen의 어원, penna)
그 가벼운 손끝이
세상에 가르침을 남기고
빗자루(帚)는 배움의 길을 닦는다

아내(婦)의 손끝과 푸른곰팡이의 붓에

그 모든 것이 담겨있다
사랑과 정성, 그리고
치유의 손길이 하나 되어
세상에 남는다

*유럽의 민간요법 - 곰팡이가 파랗게 핀 빵을 먹으면
염증을 수반한 질병이 낫는다
*푸른곰팡이 균은 붓처럼 생겼다고 penicillus(붓, 빗자루)라 칭함
이 균에서 추출한 항생제 이름이 페니실린
*pencil(연필), pen, penicillum(화필), peninsula(반도)의
어원은 라틴어 penis(남성의 상징. 끝이 뾰족한 꼬리)
*뾰족한 것은 잘 뚫을 수 있다 - penetrate(관통하다, 침투하다)
*帚(빗자루 추. 비 추. 쓸다 추)
-천(巾)에 끈(冖)을 묶어 손(彐)으로 잡을 수 있게 만든 빗자루
*婦(아내. 며느리 부)-빗자루와 붓을 들고 일하는 여자.夫婦有別(부부유별)
妾(첩 첩) -본마누라(女)의 머리끝에 올라서서(立) 아양을 떠는 여자
*본처(婦)와 妾의 차이점 - pen(붓. 빗자루)이 있고, 없고
- 슬기(慧)가 있고 없고
*慧(슬기 혜) -丰(겹칠 봉)+丰 = 싸리나무
빗자루로 마당을 쓸어 깨끗이 하는 마음은 '슬기'를 나타냄
*接(접근할 접) -첩의 손처럼 다가온다. 接見 面接
*接種(접종)-애 못 낳는다고 첩을 얻듯이,
면역력 부족하다고 접종이라는 첩을 얻는다
몸에 병균을 막아주는 씨를 심는다. 주입을 한다
*掃(쓸 소)- 손에 있는 빗자루로 쓸다. 淸掃車(청소차)
*歸(돌아올 귀) -비(帚)를 들고 그쳐(止) 물러나니(自)
'돌아오다, 돌아가다. 歸家(귀가). 復歸(복귀)

거미막(지주막 蜘蛛膜)

우리의 머리(腦)는 단단한 두개골(頭蓋骨) 말고도
3개의 보호막이 더 있다
단단한 경막(硬膜), 부드러운 연막(軟膜)
그 사이에 지혜로운 거미막(蜘蛛膜)이 있다

정치권에도, 우리 사회에도
단단한 경막처럼 굳건한 야당이 있고
부드러운 연막처럼 따뜻한 여당이 있어
항상 싸우지만

그 사이에는 평화를 꿈꾸며
서로의 힘을 이해하고 조화롭게
흔들리지 않게
모든 이의 마음을 이어주는
거미줄처럼 펼쳐진 지혜로운 국민 거미막이 필요하다

*지주막(Choroid plexus)이 있는 이유
1)뇌척수액(cerebro-spinal fluid. CSF) 생성
2)뇌 보호- 뇌를 부드럽게 떠받쳐 물리적으로 보호, 충격흡수,
뇌의 일정한 압력 유지해서 뇌신경계를 보호
3)물질교환-CSF를 통해서 뇌의 영양공급 및 노폐물. 대사산물 제거
4)거미줄처럼 얽혀있는 섬유질 구조라고 거미막
5)蜘蛛膜(arachnoid mater), 곤충(虫) 중에 가장 지혜롭다고(知)

蜘(거미 지), 蛛(거미 주)=虫+朱(붉을 주)
*거미막 밑 공간(sub-arachnoud space). 지주막하 공간
-지주막과 가장 안쪽에 있는 연막 사이
-뇌의 혈액을 공급하는 큰 혈관이 지나고, 뇌척수액이 교차하는 곳
-뇌동맥류(65%) 등이 터지면, '지주막하 출혈'이라 함

*지주막하 출혈(subarachnoid hemorrhage SAH)
-지주막과 연막 사이, 지주막하강에 혈액이 유입된 상태
-원인 1)뇌동맥류 파열(65%)
2)외상성 두부손상
3)동정맥 기형
4)출혈경향
-증상- 심한 두통

*거미막-구조가 거미줄처럼 얽혀있고 섬세한 막이라고 거미막
의학용어로 아래막(아래 지주막) 또는 지주막(지주막막)이라 함.
*지주막-뇌와 척수의 혈관을 보호하고, 지지한다고 지주막

*ventricle(댐) 과 cistern(하천)
*CSF(cerebro-spinal fluid. 뇌척수액)는 腦室(ventricle)의
choroid plexus에서 생성되어,
cistern을 따라가다가
지주막 아래 공간에서 정맥동으로 돌출하는 세포의 집단인
작은 거미막 융모(arachnoid villi)와 거대한 거미막과립
(arachnoid granulation)에 의해 정맥혈로 흡수되어
뇌 밖으로 빠져나감
*choroid(colored) plexus(network)- 색깔이 있는 맥락총 얼기
*4개의 뇌실(ventricle) -lateral ventricle(가측 뇌실, 좌우. 1.2번)
제3 뇌실(third ventricle). 제4 뇌실
*Cistern(물통. 수조 水槽. 하천)
槽=木+曹(무리 조), 나무를 무리 지어 만든 통
曹=一(모두 함께)+曲(음악)+曰(말하다)
모두 함께 노래를 합창하다. 무리
*뇌 MRI 검사(뇌경색 진단에 도움)

뇌졸중(중풍) 종류	1)출혈성 뇌출혈	2)허혈성 뇌출혈(뇌경색)
두통	+++++	-
진단	CT(5분 이내에 진단 가능) *CT로 뇌경색은 6시간 이상 경과해야 소견이 나타남고로, MRI가 필요함	MRI 촬영시간-30분~1시간 촬영 끝난 후-30분 이내 진단 가능
수술 후	치료가 어렵다. 한번 터진 피는 수술로 제거할 수 없기 때문. 지혈 후, 흘린 피를 처치하면 염증이 더 생기므로 그대로 관찰 *뇌동맥류(꽈리)를 MRI로 미리 찾아 예방 하는 것이 최고의 치료다	혈전. 핏떡 제거 후 극적으로 회복 가능

뇌의 사주팔자(四柱八字)

사람의 八字 닮은 CT의 여덟(8) 컷 사진
댐(ventricle)과 하천(cistern)에
조용히 흐르는 뇌척수액(CSF)의 속삭임,
smile face, heart, 5-pointed star 등
그 안에 담긴 신비스러운 비밀, 우리가 함께 찾아가네
마치 은은한 노래처럼 마음에 스며들어
신비로운 뇌의 세계,

심한 두통을 동반하는 출혈성 뇌출혈과
두통이 없는 허혈성 뇌출혈(뇌경색),
CT에서는 뇌출혈의 정체를 5분 이내에 알려주지만,
뇌경색은 서너 시간이 지나야 나타나므로
곧바로, 뇌경색의 정체를 알기 위해서는 MRI가 필요하다
그 깊은 이야기
탐험은 계속 되리, 빛나는 미래를 향해

두 자녀를 둔 40대 주부
머리가 깨질 듯 아픈 밤
종합병원 하얀 빛 아래
CT는 조용히 고개를 저었다
"정상입니다" 말하는 기계음 너머
어디선가 울고 있던 운명

다음날,
의식은 어둠에 잠기고
파열된 뇌동맥은 침묵을 깨며
운명의 문을 열었다
다시 CT를 찍었더니
뇌동맥류 파열로 심각한 뇌출혈 상태
붉은 피가 길을 잃고 뇌를 파괴한다
남편의 절규는 병실 창을 흔들었다

운이 좋은 뇌경색
수술 후 기적처럼 일어나 걷고,
운이 나쁜 뇌출혈
수술 후에도 돌아오지 않는 눈동자
남편의 억울한 절규, 원망
운명의 작란(作亂)인가? 작란의 운명인가?

뇌(腦)를 여덟(8)조각 내어
CT 속으로 들여다보는 뇌의 비밀,
깊은 곳에 숨겨진 이야기
기억, 감정, 언어, 운동
그 깊은 곳 어딘가
八字처럼 새겨진
삶의 단서가 있을까?

그래, 뇌에도 사주팔(8)자가 있다면
우리는 예지할 수 있을까?

삶을 바꿀 수 있을까?
예방은 단지 의학이 아니라
삶의 태도일지도 모른다
四柱八字를 탓하지 말고
예방을 위한 '인생 핵심 八字(8가지)' 캠페인을
그 깊은 뇌의 조각마다 심어야 하지 않을까?
잘 먹어라
잘 자라
살 빼라
운동하라
담배 끊어라
혈당, 혈압, 콜레스테롤 조절하라

*8 typical levels(여덟 컷), CT

1. centrum semiovale
2. lateral ventricle
3. superior cerebellar cistern
4. quadrigeminal plate - smile face
5. inter peduncular cistern - heart
6. supra sellar cisturn - 5-pointed star
7. sellar turcica
8. pons-medullary junction

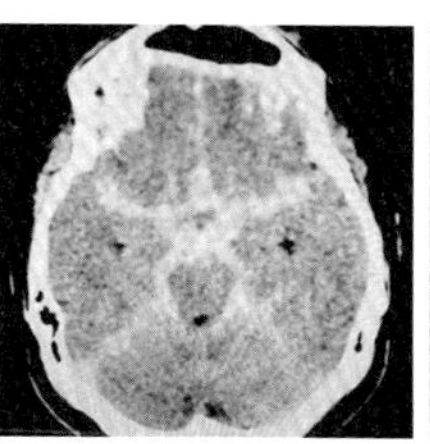
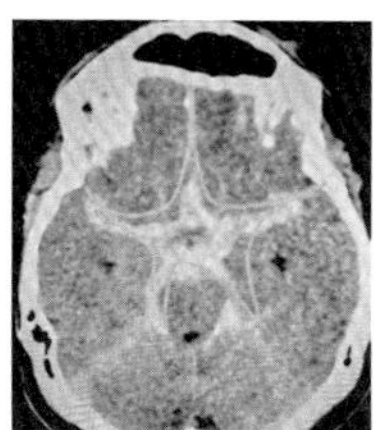

고향(故鄕)

머나먼 옛날(古)
漢陽 趙氏, 良節公派(양절공파) 26대손으로
태어나서(1942)
어렸을 때부터(幺) 밥(白+匕) 먹고 자란, 그 곳(阝)
광주 동구 충장로 5가 44번지

충장로 3가, 4가
50여 년의 세월을 이비인후과 醫師로
진료하며 보낸 그 곳
삶의 흔적이 스며든 거리, 그 길

이제 그 곳을 떠날 때
'고향 생각(새처럼 날아 보세요 Flee as a bird)' 이라는
스페인 민요의 멜로디 따라
한 마리 새가 되어 날고 싶다

구세주께서 모든 눈물 닦아주시듯
그 곳으로, 그 평화로운 곳으로
끝없는 그리움을 안고
편안한 안식처로 가고 싶다

緣故(연고)가 있는 故鄕의 땅

광주 동구 충장로 5가 44번지
영원히 잊지 못할, 내 故鄕(幺+白+匕+阝)

*故=옛 고 古 +칠 복 攵

- 병든 노인이나 생산 활동을 못하는 노인을 안락사 또는 고려장처럼 죽였던(攵) 옛날(古)의 악습을 묘사,
- 옛날: 쳐서 없애라(攵), 지금: 연고, 까닭 뜻으로 바뀜
- 자연사가 아니라 인위적으로 作故하게 했으므로 故意란 뜻이 생겼으며, 사망에 이르게 한 연유가 있기에 緣故(연고), 이런 일은 사연이 있으므로 事故라 한다
- 연고가 있는 나라이니 故國
  연고가 있는 시골이니 故鄕

*鄕(시골 향. 고향 향)

-皀(향기로울 급)=수저(匕) 들고 밥(白)을 먹는다
-함께(亼) 먹으면 食口
-맛있는 음식(皀)을 가운데 놓고
양쪽에서(阝, 주민을 뜻하는 巴의 변형) 서로 대화하면서
어렸을(幺) 때 밥 먹고(皀) 자란 그 곳(阝)

페놀의 고향, 자바 섬

페놀이라고 알려진, 나는
원래 인도네시아 자바 섬의 안개 속에서 태어나
향기로운 수지(樹脂 resin) 벤조인(benzoin) 닮았다고
벤젠이란 이름이었지

19세기 초 향료와 의약품으로 서양에 갔다가
내 몸의 구조가 육각형의 벤젠고리로 되어 있다는 것과
벤젠고리가 특정파장의 빛을 흡수해서 빛을 내므로
'빛나다(phan~. phaino 그리스어)'라는 어원을 붙여
phenyl(페닐) 이라는 또 다른 이름으로 바뀌어 졌다네

육각형구조의 고리(ring, C6H6)를 가진 벤젠은
특유한 단내가 나는 이국적이고 깊은 느낌의 향기가
아득한 방향족화합물인데,
페닐의 벤젠고리에 H 하나 빠지고
~OH(~ol)가 붙으면 페놀(C6H5 -OH),
페닐의 벤젠고리에 H하나 빠지고
~COOH가 붙으면 벤조산(C6H5-COOH) 이라 한다

1991년, 페놀의 검은 물결이
대구시민들의 상수원으로 사용되는 취수장에 유입되어
그 유명한 낙동강 페놀 수질 오염 사건의 주인공이 된

어두운 기억 때문에 페놀이 한숨을 쉰다
건강에 좋다는 폴리페놀까지 나쁜 이미지를 준 것 같아
항상 마음이 아프다

공업적으로 합성하거나 콜타르에서 추출하는 페놀과 달리,
폴리페놀은 식물에서 자연적으로 생성되며
산화의 바람을 막고(항산화),
염증의 불꽃을 잠재우며(항염),
항암, 심혈관계 보호 등 생리활성을 도우며
건강기능식품. 항산화제. 천연색소에 사용된다
건강의 빛, 색깔의 숨결 되어
우리 곁을 지키는 폴리페놀이건만,

페놀은
상처받은 기억 속에
오늘도 조용히 눈을 감는다

*페놀과 폴리페놀은 이름과 구조가 비슷하지만
물리적, 화학적, 생리적 성격이 다르다
페놀은 공업적으로 합성하거나 콜타르에서 추출하며
약한 산성, 항균성이며
용도는 소독제, 플라스틱 원료. 약물합성에 사용하지만
맹독물질로 신경계, 순환계, 간, 신장 등에
손상을 일으키므로 주의를 해야 한다

*페놀의 뜻 - 벤젠고리에 알코올기(~OH)가 붙은 물질
페놀 -일반명, IUPAC 이름-hydroxy benzene
*육각형 고리모양을 아릴(aromatic ring) 또는
페닐기(phenyl group)라 부른다

*phen – 벤젠고리를 뜻하는 접두사 '빛나다'
*접미어 ~ol
  – 알코올이나 하이드록시기(OH)를 가진 화합물이라는 뜻의 접미사
  -사람 + ol – 사람 같은, 사람의 특성을 가진
*benzene의 zene=gene(생성하다. 유래하다)
  -벤조라는 화합물에서 유래
*樹脂= gum benzoin

전기자동차 배터리와 생명의 배터리(ATP)

전기 자동차의 배터리가 중요하듯
사람의 몸속에도 에너지원을 저장하는
생명의 배터리, ATP가 있다

리보스(ribose)라는 5탄당에 입당한 아데노신과
춤추는 3개의 도깨비 불(인산 燐酸)로 구성된
ATP(Adenosine Tri-Phosphate)는
생명의 에너지를 끊임 없이 제공하는 배터리이다

푸른빛을 품은 도깨비 불(P. 燐)
빛을 발하며 신비로움을 담고
그 찬란한 에너지가
우리의 숨결, 우리의 움직임이 된다

전기 자동차는 길을 달리며
배터리의 힘으로 미래를 잇고
우리도 ATP로 춤추며
삶의 리듬을 이어간다

세상은 다르게 빛나고
에너지로 채워지는 이 순간
도깨비 불(P. 燐 인)의 신비를 안고

*adenosine(아데노신)

-aden(샘. 腺.gland)+ ~osine(糖 접미사)

ribose(리보스) 5탄당

-리보스(糖)+adenine(아데닌. 염기)

*adenine -아데노신을 연구하던 중 gland(腺. 샘) 근처에서 발견

그리스어 adenos(腺. 샘)에서 유래

- 화학적 유래: Purine(퓨린) 계열의 화합물

*ATP -adenosine(아데닌+리보스. 5탄糖)+ 3개의 인산(도깨비 불)

*腺(샘 선)=月(몸)+泉(샘 천. 하얗고 깨끗한 물)

*ATP 가수분해(ATP에서 ADP가 되면)

--ATP+H2O —ADP +Pi +에너지

ATP가 물 분자와 결합하여 ADP와 무기인산(Pi)을

생성하며 이 과정에서 에너지(도깨비 불) 7.3 Kcal/mol 방출

즉 1mol의 ATP가 ADP로 변할 때 7.3Kcal 에너지 방출

*에탄올(알코올)의 열량은 7 Kcal/g

(예) 500ml 맥주

알코올 농도가 4~5% 일 때 알코올 량은 20~25g

고로 열량은 140~175 Kcal

*Phosphate=phos (빛, 발광하는 물질)

+phate(접미사. 라틴어 phatum 물질 또는 염)

-빛과 관련된 물질이란 뜻

-화학용어 에서는 인산염(phosphoric acid)을 의미

-화학적 구조. H3Po4, P(인)+산소 4개. 염을 구성

*燐酸(인산) -인을 포함한 산성 물질

*磷(돌 틈을 물이 흐르는 린)=石+빛나다 =빛나는(반짝이는) 광물

*배터리- 1)건전지

2)포대. 포열

-뉴욕 맨해튼 남쪽 끝에 위치한 배터리 공원

-자유 여신상(Statue of Liberty) 페리 타는 곳

-항구를 지키는 대포(포대)에서 유래된 지명이다(Battery Park)

미토콘드리아(絲粒體)

우리 몸에는 60조의 세포가 있다
각 세포에는 200~300개의 미토콘드리아가 있다
mitochondria(mito 실. 섬유+chondria 알갱이.구슬)를
현미경으로 보면
겉모양은 낱알(섬유모양의 알갱이)을 닮고,
내부 모양은 마치 끈을 말아놓은 것 같은 모양이다

숨을 들이 마신다
이 때 들어온 산소를 6천조의 미토콘드리아가 다 먹고
세포들이 살아갈 수 있게끔 ATP를 만들어 주고
이산화탄소를 배출한다
산소가 5분 이상 공급되지 않으면
세포가 죽는 이유이다

남자의 정자, 여성의 난자
23개씩의 염색체가 만나
46개의 새로운 생명을 잉태하는데
미토콘드리아는 오직 엄마에게서만 전해진다

엄마의 미토콘드리아는 나이 들어
세월 따라 지쳐 가지만
아이에게 주는 미토콘드리아는

어찌 그리 신선하고 싱싱한가?

밑도 끝도 없는 미토콘드리아의
이 미스터리, 풀리면
노화의 비밀도 밝혀질까?

*세포 호흡 – 세포 밖의 포도당을 세포 내, 미토콘드리아에서
세포호흡으로 ATP를 만들어서 사용한다
포도당은 686Kcal 로 너무 커서, 작은 단위의 7.3 Kcal로
사용하기 위해서 ATP를 만든다
밑도 끝도 없이 미토콘드리아를 만들어야 세포호흡을 할 수 있다
-아버지의 월급은 500만원씩 한꺼번에 들어오지만(포도당),
엄마가 집안(세포)에서 사용하는 돈은 콩나물 값, 쌀값 등
작은 단위(ATP)로 사용할 수밖에 없다

*미토콘드리아는 세포 1개당, 에너지 소비가 많은 근육세포, 심장세포에는
1000~2000개 들어 있고 보통 세포에는 수백개 들어 있다(전체 6천조)
*立(설 립. 입)=亠+八+一 사람이 두 다리로 땅위에 서 있다
粒(알 립. 입) -쌀알이 따로따로 서 있으니 '낟알. 쌀알'

예수님의 치료법, 딱 하나

예수님이 걸으라 하셨다
치료의 길은 길을 걷는 것
수술도 약물도 아닌
몸의 신비를 깨우는 첫 걸음

발 거름 마다 생명 흐르고
미토콘드리아는 춤추듯 깨어나
우리의 몸은 길을 찾고
활력의 숨결을 불어 넣는다

"걸어라, 나의 길을 따라"
그 길은 생명의 길
움직임 속에 치유가
몸과 마음이 회복된다

한 걸음씩, 두 걸음 씩
일어나 걸어라
미토콘드리아가 스스로 활성화 되고
우리는 건강한 세포로 다시 태어날 것이다
미토콘드리아의 비밀을 알려주신
예수님, 감사드립니다

*미토콘드리아 활성법

1)균형 잡힌 영양소(떡+말씀)

2)신선한 공기(기도)

3)규칙적인 운동(사랑)

老 부부의 건강

건강한 노부부에게 어느 기자가 그 비결을 묻는다
"우리 부부 중,
먼저 화내는 쪽이 5km씩 걷는 벌칙 때문에
항상 남편이 걷다 보니까 그게 덕이 된 모양입니다."
"그럼 할머니는 왜 건강하신지요?"
"나는 이 영감이 약속대로 잘 걷는지
감시하면서 걷다 보니까"
으 하하하!

종(甬)도 때리면 아프다고(痛) 운다

쇠북꼭지 용(甬), 고리가 달린 종(甬)은
속이 비어서 통한다
길이 뻥 뚫린다
神이 오시는 길
神과 사람이 통하는 길
그 소리는 멀리 퍼져, 공기 속을 타고 흐르며
종소리는 엄숙함이 솟아나고
神들은 기쁨이 솟아난다

병(疒)들어 神과 통하지 않으면
그 소리가 울려 퍼지지 못해,
몸에서 통증(痛症)이 솟아오른다(甬), 고통이 온 몸을 감싼다
마치 종(甬)처럼 붓고, 아픔(痛)은 한없이 퍼지고
그 고통은 끝이 보이지 않는다

*病=疒(병들어 기댈 녘)+丙(밝을 병) - 병이 눈에 띠게 밝게 나타난다
*疫(돌림병 역) -모든 힘을 다해 창(殳)으로 몰아내야 할 전염병

긴 꼬리 원숭이, 禺(우)

긴 꼬리 원숭이(禺)는 머리가 커서
민첩하지 못하고, 우둔(于遁)하다
원숭이는 긴 꼬리를 이용해서
나무와 나무 사이를 자유자재로 움직인다

천천히 걸어서 다니는 원숭이를 만날 일이 없다
그런 원숭이를 만난다(遇. 만날 우)는 것은 드문 일이다
길 가다(辶) 우연히(遇 우연히 만날 우),
뜻밖에 만날 수는 있다
천년(載)에 한번 만날 수 있는 좋은 기회,
千載一遇(천재일우)처럼

어리석은듯해야(愚 원숭이 같은 마음이니 어리석을 우)
남을 포용하는 지도자가 된다
최재愚, 노태愚 처럼
사람들이 얼간이가 되는 날,
萬愚節의 장난처럼
우리의 삶도 변화한다

遇, 마주치는 상황의 좋고 나쁨을 표현하는
중국. 일본과 다르게, 우리는
불운. 불행. 빈곤. 불우로 풀어간다

연말 不遇 이웃돕기처럼
우리의 따뜻한 마음을 나누며

*千載一遇의 載는 '실을 재, 실어 나르다' 뜻이다
또한, 무언가를 실어 나르는 중요한 해(年)로도 해석한다
*偶(짝 우) -둘이 짝을 이룬다. 配偶者. 라이벌. 화합한다.
偶然히. 偶像.
- 사람(人)과 원숭이(禺)는 수많은 동물들 중에서 '짝'이다
*禺 -흉한 얼굴(田)+ 다리(冂) + 꼬리(厶)로 된 원숭이
-어리석을 옹(우리 말)
-조삼모사. 병속의 먹이를 쥔 손을 놓지 못해 잡힌 원숭이
*遭遇, 境遇, 禮遇, 待遇

긴 꼬리 원숭이(禺)와 개(犬)가 사람을 만나면

개(犬)는 사람을 만나면 엎드려(伏, 엎드릴 복)
낮은 자세로 마음을 열고
무릎 꿇어, 사랑을 바친다
그 얼굴에는 순수한 고백이 담겨
사람의 손길에 몸을 맡긴다

긴 꼬리 원숭이(禺)는 다르다
사람(人)을 만나면
자신이 함께 어울릴 대상으로 여긴다
그 짝(偶. 配偶者)을 찾았다고 웃으며 뛰어간다

개는 마음을 다하지만
머리가 커서 멍청한 원숭이는 머리를 쓴다
이 세상에서 각기 다른 길을 가며
그들의 방식으로 세상을 노래한다

更(경. 갱)이 사람(人)을 만나면

말(曰)을 한번(一)만 해도
다른 사람(人)을 '다시, 고쳐주는'
更이 사람(人)을 만나면
개(犬)나 원숭이(禺)와 달리
'편할 편(便)'이 되느냐
'똥오줌 변(便)'이 되느냐가 문제로다

更(다시 갱. 고칠 경), 一 + 曰 + 人
말(曰)을 한번(一)만 들어도 '다시, 고쳐지는' 사람(人)

마음의 비밀, 육체의 비밀은
버려야, 마음과 육신이 편해진다
버리지 않고 秘密(祕密)이 되면
반드시(必) 고통이 큰
便祕라는 귀신(示)이 나타난다(祕=示+必)
숨기지 마라
숨기고 애끼면 똥 된다. 병 된다

*必(반드시 필)=주살 익 弋+여덟 팔 八
-경계를 세워서 들어오지 못하게 분별하는 표준
-마음(心)에 꽂인 것(丿)은 '반드시, 필이' 이루어져야 한다
-창(戈)은 반드시 갈라진 틈(八, 자루)에 끼워야 한다

*만절필동(萬折必東)

- 황하가 1만 번 꺾여 흘러도, 반드시 동쪽으로 흘러간다
- 折(꺾을 절)=扌+斤, 도끼를 손에 들면, 나무를 꺾는다

*伐(칠 벌)-사람을 창으로 찌른다

秘(숨길 비)-벼(禾)를 저장하는 곳은 경계를 두어 있는 곳을 알지 못하게 숨긴다

祕 - 귀신은 사람과 경계를 두어, 있는 곳을 알지 못하게 한다

*해우소(解憂所) -근심. 걱정. 우울증 해결

*변비(constipation) –똥이 막혀 숨겨져 있어 나오지 않는다

- 대장을 대변으로 가득 채우다

변비 특효약 – 자두(紫桃)를 말린 과육으로 만든 '푸른(prune) 주스'

자두 열매(plum), 말린 것(,prune)

*紫桃(자두) -자주색 복숭아 오얏

紫(자주색 자) - 사람(匕)의 발(다리. 止)을 실(糸)로 묶으면 살이 자주빛이 된다

황금 나무

나무가 황금빛으로 빛난다
동양에서는 시적인 감상으로 대하지만,
서양에서는 그 것이 돈처럼 번진다
노화방지, 치매, 빈혈을 치료하고
말초혈관을 활짝 여는 치유의 약으로 변한다

은(銀)빛 나는 살구(杏)열매와 색깔이 똑같다고
이름 붙은 은행(銀杏)나무 열매는
지독한 똥냄새 때문에 사람들도 싫어하지만
벌레도 멀리하고
그 잎에는 병이 없다
살구. 복숭아. 매실. 아몬드. 사과. 은행의
씨앗을 보호하기 위해 그 속에 잠들어 있는
시안화물(사이안 배당체)의 청산가리 때문이다

사이안 배당체의 숨겨진 비밀은
아몬드(almond)에서 처음 발견 되었다고
아미그달린(아몬드. 그리스어 amygdalin)이라 한다
이것이 우리 몸에서 분해되면
시안화수소(HCN. 청산가리)로 바뀐다

황금나무는 은행나무 외에 이름도 많다

두(bi) 갈레로 갈라진 잎(lobe 葉) 때문에
학명은 징코 빌로바(Ginkgo biloba),
은행잎 모양이 오리발 닮았다고 鴨脚樹(압각수),
은행나무를 심어 열매 맺는데 20~30년 걸리므로
손자가 되어서야 열매를 수확한다고 公孫樹(공손수),
나무와 흙으로 비바람을 막아
화재에 유난히 강하다고 火杜木(화두목),
동물은 모가지를 잘라내면 다시는 살 수 없지만
은행나무는 줄기를 베어내도 살아난다고
좀비나무(zombie tree) 라고도 한다네

이명, 어지럼증에 처방되는 기넥신은?
Ginko의 Gin,
항생치료물질을 의미하는 phytoalexin의 exin 합성어
은행 잎 치료제란 뜻이다
징코민의 징코(Ginkgo)는?
일본어 긴교(Ginkyo. 銀杏)를 Ginkgo라고 잘못 표기한
독일 醫師 때문이지요
으 하하하!

*cyanide 싸이어나이드(영어). 청산가리 .
싸이안화물(사이아노기, R-C 三 N(삼중결합)
-dark blue를 뜻하는 그리스어 kyanos에서 유래
- cide=kill , suicide(자살), sui(self 자신)
-청산가리 :시안화합물 중, 시안화칼륨의 일본식 표현
실제로는 청색이 아닌 백색이다
물에 녹으면, 시안이온이 세포호흡을 막아
저산소증. 청색증. 사망에 이른다

cyanosis - 청색증

*살구(殺拘)-개가 살구씨를 먹고 죽는다
구탕집에서 살구를 주는 이유 - 소화에 도움 되라고

*杜(막을 두)-제방(둑. 보)을 막기 위해 나무로 말뚝을 박고
흙으로 채워서 만든다
-두문불출(杜門不出), 두보(杜甫)

*色(빛 색)=人 +巴, 사람의 꼬리이니
'나타나다. 색깔'

*絶(끊을 절) -실의 색이 바래니 '끊어지다'
연락 杜絶(두절) -막히고 끊어졌다

탄핵(彈劾)

탄핵, 그 의미는 깊고 무겁다
죄를 따지고(따질 탄 彈), 진실을 캐묻는다(캐물을 핵 劾)
탄활 탄(彈)은 활에서(弓) 홀로(單) 나간 탄알처럼
돼지(亥) 힘(力)처럼 무섭고 빠르게 쳐들어 가 캐묻는다(劾)

조선 왕조, 518년의 세월 속(5.18)
3만 5천 번, 탄핵의 흐름을 지나
유성룡(1542~1607), 70번의 탄핵이라는 칼날 맞고,
이순신도 피해가지 못했네

李氏 조선왕조에서는 王의 탄핵은 제외했지만,
최근 우리나라에서는 3명의 대통령이 탄핵을 당했다
한 분은 살아났고, 또 다른 한 분은 물러났다
2024년 12월 14일 또 한분이 탄핵을 받았다
그 분의 운명은?

왜 탄핵이 많을까?
돼지(劾의 亥)고기 삼겹살을 좋아하는 국민이라?
정의는 어디에 숨겨졌을까?
권력의 균형, 역사의 검은 손
그 끝은 어디로 향할지 모른다

우리는 묻고, 답을 찾는다
탄핵, 그 끝은 어디로 가는가?
역사는 반복되고, 질문은 계속된다

*증거인멸(證據湮滅)
煙(연기 煙氣 연)-불(火)을 흙(土)으로 덮어도(덮을 아 襾. 西)
연기가 난다
湮(잠길 인)-불끄기에는 물(氵)이 최고다
湮滅의 滅(멸망할 멸)-물. 불. 창(도끼)로 부수니 멸망
*火 -사람(人)이 땀을 뻘뻘 흘리는 모습
*溫(따뜻할 온) -불의 기운을 가두어(囚 가둘 수)
그릇(皿)에 담은 따뜻한 물(氵)

*漢字를 공부합시다
"우천시(雨天時) 취소합니다" 라고 하면
"우천시(市)가 어디에 있어요?"
족보(族譜)를 족발 보쌈세트의 준말이라 하고,
두발(頭髮)을 두 다리로 착각을 한다
"금일(今日)까지 서류를 제출해주세요" 라고 하면
대부분 금요일에 가져온다니
이게 되겠습니까?

갈등(葛藤), 칡나무와 등나무

죽어가는(亡= 亾) 이를 안고(쌀 포勹, 어찌 계 匃)
입(口)으로 '어찌 살려달라'고 부르짓는다(曷)
머리 엉크러진 모양이 칡넝쿨(艹)처럼 흐트러져 있다고
칡나무를 葛(칡 갈)이라 부른다네

사내(夫)가 팔자(八)로 걸으면
어깨가 구부러진다(구부릴 권 龹)
몸(月)을 구부리고 주먹(手)을 쥐는 운동이 권투(拳鬪)
몸을 구부리고 힘(力)을 쓰면 승리(勝利)
물(水)만 먹고 위로 올라가는 나무(艹), 藤(등)나무

인연을 얽히고, 풀릴 수 없다
칡나무와 등나무는
갈등 속에서 두 넝쿨이 엮인다
스스로 뻗어나가지 못하고
서로를 감아야만 성장할 수 있는 넝굴나무(방향식물)이다
서로 떼어 놓기도 힘들다

꽃말이 '사랑에 취하다'는 등나무는
여름철 시원한 그늘을 제공하고 지팡이로 활용되지만,
꽃말이 '사랑의 한숨'인 칡나무는
아픔 놈이 아픈 놈을 이해 한다고(同病相憐 동병상련)

葛根湯(갈근탕). 칡즙은 고혈압. 당뇨. 콜레스테롤로
고생하는 환자들에게 도움이 된다네

제갈공명(諸葛孔明)의 葛,
먼저 죽은 유비의 한을 가슴에 품어서일까?

나선형 매독(梅毒)균 왈,
내가 유럽에서는 포도주 병마개 따는 스크류로 대접받는데
한국에서는 부부갈등을 일으키는 갈등균으로
급이 낮아졌네요
으 하하하!

*당뇨병=소갈병(消渴 꺼질 소. 목마를 갈)
*憐(불쌍히 여길 련)-가엾고 측은한 사람의 영혼이
　도깨비불처럼 금세 사라질 가 걱정하는 마음

*매독(syphilis)균 - treponema Pallidum
　trepo(to turn 휘감다). nema (thread 실) -휘감는 실. 꼬인 실
　pallidum(pale. 창백한)
　-현미경으로 관찰할 때 색이 엷어 잘 안 보인다고
　나선형으로 wine screw opener 닮았다

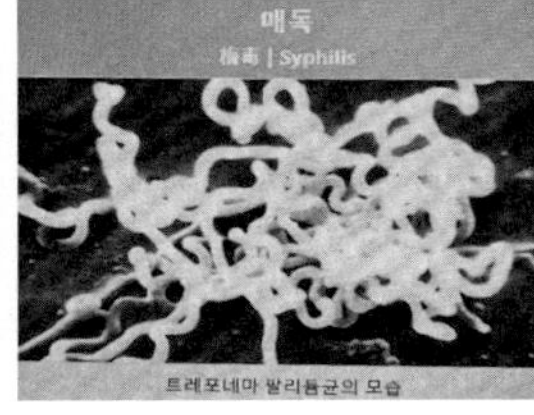

* 매독균 1905년(광주기독병원 개원) 발견 후
최초화학요법 치료제 등장 –살바르산(606)
The arsenic that saves(생명을 구하는 비소. 砒素 arsenic. As)
살바르산=salvation(구제)+ arsenic(비소)
비소는 독성이 강하지만, 초록색 안료, 닭 성장제, 살충제,
사약(賜藥. 비상약)등에 사용

돈 없어도(無財) 할 수 있는 좋은 일(布施), 7가지

千字文 마지막 也에서 끝나면 무엇을 해야할까?
깃발(方+人. 깃발 나부낄 언)아래 모여서 봉사(施)해야 하지요
돈이 없는데?
돈 없이도 봉사하는 보시(布施) 7가지
眼施, 和顔悅色施, 言辭시
身시, 心시, 床座시, 房舍시

부드러운 눈빛으로
웃는 얼굴로
따뜻한 말 한마디로
서로의 마음을 녹이며
어진 마음으로
삶의 고단함을 함께 나누네

친절하게 손을 내밀고, 예의 바른 몸가짐으로
당신의 아픔을 함께 나누고
당신의 기쁨을 함께 기뻐하리

시내 山에서 신발을 신다니?

모세가 80세에
이집트 시나이 반도에 위치한
가시덤불이란 뜻을 가진
바위로 만들어진 시내 山(2270m)에 올라가서
10계명을 받은 그 곳,
바위 위에선 하늘의 목소리가 들려왔지

사우디아라비아의 라오즈(Lawz) 산(2500m)
그 곳을 진짜 시내 산(호렙山)이라고 주장하며
'신성하다고 신발도 신지 말라'는 시내 山에
2030년 동계올림픽을 유치하려고
그 곳 신선한 곳의 절벽에 스키장을 만들고
그 정상 위에 300m 높이의 리조텔을 포함한
놀이동산을 지으려는 불빛이 보이네
하늘과 땅은 침묵 속에 지켜보고 있다

기원전 605년에 예루살렘을 함락시킨
바빌론 왕 느부갓네살의 포로가 된
유대인 선지자 다니엘의 종말에 대한 예언을 보면
다니엘서 11장 45절
'그는 바다와 영화롭고 거룩한 산 사이에
임금이 머물 천막을 칠 것이다
그러나 거기에서 최후를 맞이하게 되는데

그를 도와주는 자가 아무도 없을 것이다'
그 말은 과연 어떤 의미인가?
사우디아라비아 황태자 빈 살만, 그의 최후는 어떻게 될까?
2025년 새해가 시작되며, 그 물음은 더 커진다

신성한 땅에서
2030년 동계 올림픽을 유치하려고
이 모든 일들이 펼쳐진다면
하늘의 뜻은 어디에 있을까?
우리는 그저 그 흐름을 바라볼 뿐
그리고 그 길에 서서 물어 본다
'그의 발걸음은 어디로 향할 것인가?'

*예수님 족보
아담-셋(아담 아들)-셈(노아 아들)-아브라함-이삭-유다-다윗-예수
참조:아브라함의 첫째아들(이스마엘: 아랍인의 조상), 둘째아들(이삭)
*페르시아 : 노아의 3 아들(야벳. 셈. 함) 중,
셈과 야벳의 일부 후손(이스마엘)이 세운 나라
*성경에서 이란(페르시아)의 운명은?
1) 바벨론으로 하여금 이스라엘 심판(포로로 잡아감)
2) 페르시아로 하여금 이스라엘 회복
(포로석방 및 성전 건축. 에스더. 동방박사 파견)
3) 성경 마지막 때, 페르시아(이란. 바사)와 마곡 땅(러시아) 연합군이
이스라엘 공격했으나 하나님의 이스라엘 승리
곡-종말의 독재자. 反그리스도적 인물. 야벳의 아들 중의 하나
4) 2025. 6월 전쟁에서 이란이 이스라엘에게 패한 후, 사라지지 않는 이유
-메기와 미꾸라지 관계 아닌가? 항상 긴장하고 겸손하라고?
-꽃길만 걷는 貴生과 攝生, 대추나무와 염소
5)하나님의 섭리
아브라함(175세)의 첫아들(여종 하갈로부터 낳은 이스마엘)과
둘째아들(본처 사라로부터 낳은 이삭 180세)의 갈등으로
이스마엘(137세)은 쫓겨났지만, 아랍인의 조상으로 축복을 받았다
아담의 아들들(가인과 아벨) 때문에 괜한 걱정이 앞서지만
이삭과 이스마엘 후손들은 화해로 끝나는 것이 하나님의 섭리 아닐까?

흰 눈썹

눈썹에 흰털을 가진 사람들 (白眉 백미)
그들의 지혜와 미모는 눈을 넘어서
산타 할아버지의 흰 눈썹처럼
따뜻한 세상의 지혜를 품고
마량의 눈썹에 숨겨진 뛰어난 재주처럼
우리 마음에 깊은 인상을 남긴다

촉나라 유비가 칭찬했던 그 순간처럼
흰 눈썹은 단순한 미를 넘어
모든 것을 아우르는 아름다움으로
세상을 밝히는 지혜의 상징이 되리

흰 눈썹(白眉)이란
그 지붕 같은 보호를 넘어서
눈을 지키는 것 이상의 의미로
진정한 아름다움과 뛰어남을 드러내리라

*촉나라 유비가 형주를 다스릴 때
馬氏伍常(마씨오상)이라 불리는 다섯 형제 중
눈썹에 흰털을 가진 마량이
가장 뛰어난 재주를 지녔다고 칭찬.
그 후, 뛰어난 인물이나 작품을 칭찬하는 말

*眉(눈썹 미) = 尸(지붕 시)+丨+目로 만들어진 글자,
눈썹(眉)은 지붕같이 눈을 보호하는 털(丨)이라 표현

旅行

뉴욕 가는 길
깃발(方+人)따라 흐르는 가족들,
하나로 모여, 뉴욕을 걷는다
맨해튼 길을 남북으로
돌고 도는 여정(tour)
그 여정 속에서 기쁨을 찾는다

'民'이라 불리는 뉴욕 시민들
특별함 없는 그들
百姓, 백가지 이름(姓氏)으로 불리 우는 많은 사람들
무엇도 특별하지 않다
그러나 그들이 모이면
강한 바람을 일으킨다

君舟民水(군주민수), 百姓은 물과 같고
물은 배를 띄운다
배가 물을 따라 흐르듯
백성도 그 길을 따라
희망의 땅을 향해 나아간다

하지만, 물은 때로 배를 뒤집을 수도 있다
그 무리는 힘을 합쳐도

때로는 돌아서야할 길을 알지 못한다

여행의 길, 끝없이 돌아오는 원의 여정
그 한 바퀴 안에서 모든 이의 이야기가 시작된다

*旅(나그네 여, 군사 여)
-깃발 언 方+人+㐺(众을 從의 변형, 氏)
-사람이 나아가야할 방향을 알려주는 깃발
-군기나 깃발을 따라 이동하는 많은 사람들(㐺)
'무리. 군사. 여행하다. 나그네'
*Tour - 원을 그리는 도구를 의미하는
라틴어 토르누스(tornus)가 어원
-출발해서 원점으로 돌아오다. 한 바퀴 돌다

*百姓을 民이라 한 이유
-민무늬. 민물. 민소매
없다는 뜻의 民, 지배자의 입장에서 볼 때
권력도 없고, 특별한 것도 없는 보통사람
*君舟民水(군주민수) -임금은 배와 같고, 백성은 물과 같다
물은 배를 띄울 수도 있지만, 배를 뒤집을 수도 있다

2025년 2월, 뉴욕

겨울의 숨결 속에
형님 형수님 그리고 조카, 손자 지훈이
우리 가족 9명이 뜬금없이 고개를 내밀어도
반갑게 맞아주는 그 따스한 미소들

브루클린 다리 건너며
비와 찬바람 속, 하얀 눈이
겨울의 요정들처럼 사르르 눈을 뜨고
우리에게 인사를 건네네

자유의 여신상, 그 얼굴을 직접 마주하며
손끝으로 그 발을 만져본 기억,
9/11의 아픔, 그 눈물 속에서
희생자들의 목소리가 들려오네

브로드웨이 뮤지컬, 알라딘과 위키드
그 무대 위의 빛과 소리가
우리 마음속에도 하나의 별처럼 남아
영원히 빛날 거란 걸 알게 되네

뉴욕의 거리는
아름다운 센트럴파크와 함께 끝없이 펼쳐지고

우리는 그 속에서 함께 걸어가며
가족의 사랑, 여행의 기억을
하나씩 쌓아가고 있네

後記

천지현황(天地玄黃)으로 시작하는 천자문의 끝은
焉哉乎也의 '이끼 야(也)'이다
돌에 붙은 이끼는 아니지만
야(也=ㄱ+ㄴ+ㅣ), 끝을 알리는 소리
돌 틈에 모여드는 물방울처럼
흙(土)이 쌓여(也) 땅(地)이 되고
물(氵)이 모여(也) 연못(池)이 되듯
모든 끝에 닿는 건 '也'

천지란 흐름이고
삶은 모임이니
우리의 끝에는 무엇이 있을까?
하늘과 땅
그 사이를 잇는 작은 숨결처럼
인생은 하나의 점으로 완성된다
마침표처럼

야(也)! 임마(이놈아)
끝이 너무 허망하구만
야(也)! 이 뭐꼬
나는 누구인가?

하늘을 물어도
돌아오는 건 허망한 메아리일 뿐
끝이라 여긴 자리엔, 바람만 남고
나아가면 다시 시작이로다

깨달음은 내가 나를 아는 것
나를 알면 미래를 알게 될 텐데 ..
헛되어 떠도는 꿈속의 길처럼
나를 알면 모든 길이 밝아지리니
안개 속에서 나를 찾노라
무한한 그 물음 끝에
마지막 대답은 '也'

세상영화를 다 겪어본 솔로몬 王, 왈
"전도서를 통해서 헛되고 헛되도다
세상일은 헛되지만
하나님은 헛되지 않기 때문에
하나님만 따르라고 했지

내일도 해는 뜨니까, 다시 한 번 해보세
天으로 시작해서 也로 끝나지 말고,
也로 시작해서 하나님을 따르는 天으로 끝나는.
그래서 평안을 찾으리라
그 분의 길 위에서 참된 세상, 함께 만들어 가리라."

네덜란드 철학자 스피노자(1632~1677) 왈,
"내일 지구가 멸망하더라도, 나는 사과나무

한 구루를 심겠다."

"당신은 왜 하나님을 믿는가?"
"하나님은 You are welcome 이라고 말씀하시면서,
사랑으로 언제나 용서해 주시니까."